謝子涵

抓住風一樣的人

政藝少女的日本地方創生官僚見習

地方創生是公務人員的時代來臨了，我們可以發揮創意提案，找很多社會上各行各業的人加入，
一起打造我們想要住的地方，想要追求的生活。

○ ● ○

從日本地方創生的例子啟程

● **龔明鑫**（國家發展委員會主任委員）

這幾年，日本啟動的地方創生風潮席捲了台灣。

和台灣有著類似困擾的日本，近十幾年來，面臨著人口高齡化加少子化，及非都市地區不斷人口外流情況。隨之而來，考驗著許多非都市地區的國土利用、城鄉差距、地方產業等面向，需要有所調整。經過多年的反思和努力，前首相安倍晉三於 2014 年提出了「地方創生三支箭」政策（情報支援、人才支援、財政支援），並且特別設立「地方創生擔當大臣」，以統籌地方創生各項政策和資源。

日本的地方創生看起來是已經成功的上了軌道，無論是隨之創造的觀光人潮、就業人數和生活環境的改善，就實質反映了政策成功的成果。本書提供了非常多的先例，讓台灣的讀者，無論是自己正在實踐或是正在關心地方創生，都能夠藉由本書，了解更多元的資訊。

相較於諸多敘述自己「成功故事」的地方創生書籍，這本書讀起來其實不輕鬆（light），甚至還有許多圖表和圖解。

比起許多「說故事的人」，子涵無疑是個更嚴肅的地方創生「政策研究者」。她透過一年的時間，實地走訪或訪談重要推動者。她採取「研究案例」的書寫方式，透過不同角度和故事類型的分析，試圖呈現出這些人的如何思考和盤算，而不只說出當地的故事。

這是我認為很有價值的一件事。

國發會作為地方創生的主管機關，希望把過去中央或地方公部門較為主導的關係翻轉，讓各方參與。「地方」和「青年」才是重點，他們得是一個強韌的、存在的個體或群體，而政府進場去協助。無論是行政支持、外部資源媒合，都是要以當地作為主體。

　　許多人把「地方創生」談成返鄉創業大賽，或是熱血青年拯救家鄉。這可能是一個面向，但我更希望著重「公共性」。青年返鄉所帶動的整體改變，和創生團體所營造的「共同體」的氛圍，帶動在地的關懷和提升，成為真正的「地方創生」。

　　日本作為一個推動的先行者，透過作者講出「日本版的地方創生」；然而，什麼是「台灣版的地方創生」？這個期待和大家一起創造。

○ ● ○

推薦序 ──────── • 高田寬文（日本政策研究大學院大學教授）

　　聽到作者說「我要寫一本和日本地方創生有關的書」這件事是我在 2019 年秋天造訪台灣，和她經過半年再相見的時候。作者曾在日本針對日本地方創生和日本地域活化的制度和執行等層面進行深入且廣泛的研究，而我則有幸擔任作者在這段期間的指導老師。作者回台後的一年間，我看到她積極地將在日所獲得的研究成果和經驗透過講座和各式媒體與台灣各界分享。對作者能將這段期間內的所見所聞化成文字、甚至出版成書，我感到相當高興，也相當期待。如今我能為這本即將問世的書寫推薦序，深感榮幸，也希望台灣的朋友們能多多閱讀。

　　作者是在 2018 年的 4 月到 9 月間，和另外三名台灣的年輕人參加我任教的「政策研究大學院大學（GRIPS）」所舉辦的「台灣青年人才育成計畫」而來到日本。這個計畫的宗旨是為了促進日本與台灣的關係，邀請 40 歲以下，對政治、行政、學術等各界有興趣並有志成為領導人才之台灣青年，到日本對自己有興趣的研究主題進行為期半年的研究並撰寫研究報告。除了研究成果的書面報告和發表外，學員尚需前往與自己研究領域相關的團體或組織實習。我們期待透過這樣的研究計畫，能讓學員們不只進行理論研究，更能透過實作，理解政策從產出到執行的實際過程。

　　話題回到地方創生。日本於 2019 年結束為期五年的第一期地方創生政策計畫，經過政策效果評估，於 2020 年 4 月開啟第二期的五年計畫。日本推動地方創生的主要法源是「城鎮、人口、工作創生法」，它的立法目的有三：期待減緩非都會地區的人口減少、改善東京首都圈的人口過度集中現象，並希望能藉此確保不同地區都能擁有良好的生活居住環境。其實在這部法立法之前，日本政府已經針對「地區活化」採取了不少措施，並獲致一定的成果；但在 2014 年 5 月公布的「增田報告」[1] 中卻指出，根據統計推估，約半數的日本二級地方自治單位

（市、町、村）將因人口持續減少而面臨消失的危機。這樣的發展也促使日本政府必須用更積極的手段，以法律方式明定推動地方創生應該採取的具體政策作為。

作者在日本進行研究的 2018 年是第一期日本地方創生計畫的後半期。相當遺憾的是，也正好就是在這段期間，日本政府研判第一期計畫所欲達成的重要指標「改善東京首都圈人口過度集中現象」已幾乎確定無法達成（具體目標為在 2020 年實現移入、移出人口均衡）。但是我們同時觀察到「城鎮、人口、工作創生法」的另一項立法目的「確保不同地區都能擁有良好的生活居住環境」卻在第一期計畫的五年裡，得以在延續各地實施的「地區活化」政策基礎上加深、加廣。本書所列舉的幾個案例，正是在這部法案立法後推動地方創生的幾個實例，具體而微地敘述這些地區如何站在日本地方創生的第一線，計畫性地推動地區活化、跨越執行過程中的障礙、所達到的成果和後續的作為等等。

我認為作者在研究日本的地方創生政策上有三個特別值得稱許的地方：首先是針對各地方創生實例的研究，不論在質與量上都相當出色。本書雖然只列出作者研究中的一部分案例，卻已涵蓋從東京都心到各地方的城鎮中心區，甚至包含人口大量減少的「過疏地區」及離島，地理範圍十分寬廣；內容方面更涵括地方產業、觀光、防災、移居、社區集會空間創造等各個面向。我對作者在僅僅半年的研究期間內能走過這麼多地方、蒐集這麼多案例的用心程度感到由衷欽佩。

其次是書裡舉出的每一個生動且鮮明的實例，都是作者親自前往當地進行研究，或是和當地主導地方創生政策的關鍵人物對談而得到的第一手資料。本書的案例中，有一部分是我或 GRIPS 的學生與作者一起前往的地區，或是作者在財團法人地域活性化中心實習時實習單位所介紹的案例；另一部分則是作者自己積極地前往各地區，用心深入觀察並體會的成果。透過這樣的親身經驗，相信作者更能掌握各種政策和措施的核心和精髓。

最後一點則是上述兩點的整合：作者能從不同的角度和視野觀察地方創生的各項作為。每個地方的實例自然有其差異性，但明白這些案例背後共通的架構卻是研究這門學問的基本功。本書針對日本安倍政府「三支箭」的經濟政策，以及先前提到的地域活性化中心均有詳

細的闡述，而對這些政策和機構的理解也是作者能深入分析日本地方
創生案例的原因之一。在一開始我曾說到，作者在 2018 年訪日進行研
究後回台已一年有餘，而我與作者則在 2019 年年底時「相隔半年」再
度在台灣相會。其實作者也曾於 2019 年 4 月「台灣青年人才育成計畫」
第二期研習開始的時候再訪日本，除了與我見面外，作者更藉這個機
會前往日本政府「城鎮、人口、工作創生本部事務局」參訪，取得日
本政府針對地方創生政策宣傳策略的最新資料，並在本書中呈現。這
是令我非常高興的一件事。

　　去（2019）年開始台灣也邁入地方創生元年，往後將會需要中央、
地方政府的通力合作，將政策更具體地帶入地方創生。我衷心希望台
灣能參考日本地方創生政策執行到目前為止的相關經驗，將適合台灣
的部分截長補短，適當地導入各個地方的地方創生政策中。我也誠摯
希望這本作者相關研究的集大成能夠成為台灣不論中央或地方、行政
或立法，產官學各界，甚至當地居民在推動地方創生時，一本有意義
的參考書籍。

　　　　　　　　　　　2020 年春　高田寬文

※ 感謝周興達翻譯。
1　譯者注：為時任「日本創成會議、人口減少問題檢討分科會」主席、東京大
　　學公共政策研究所教授增田寬也發布之研究報告及建言。該報告提及若青年
　　人口持續外移，將導致非都會區之生育率急遽下降，最終使不具人口拉力之
　　自治單位消失。

○ ● ○

用日本地方創生作為一面鏡子

●───────────── 余宛如（生態綠創辦人）

2019 年，台灣國發會喊出地方創生元年，有趣的是，同一年的年底就有成果展。這也點明了台灣地方創生從來不是元年才有。當我擔任不分區立委的第一年，就經常安排行程走訪各地蹲點社區發展協會的青年、返鄉創業的二代、青農組織、動手解決社區問題的社會企業⋯家鄉對他們來說，是美好的、是充滿機會的。因為跟上一代不一樣的價值觀，他們要挑戰的是這些傳統價值觀下的文化、法規與社會束縛。

我一直在思考，該如何用政策或是法治的創新，來釋放這群被壓抑的活力，畢竟不是他們需要地方，而是地方需要他們。2017 年，子涵擔任我的助理，一股熱血下，我們搞了一個「青年返鄉 × 地方創生」座談會，思瑤、文智、素月、佳濱與巧慧等委員共同來關心，上百位來自台灣各地的創生青年擠滿座談會，跟政府十二個部會直接對話。這是第一次以台灣民意殿堂的高度，帶起地方創生政策的擾動。

會後我花了幾乎兩年的時間，飽受相關利益團體責難，終於讓國發會對箝制社區小旅行的發展觀光條例做出不一樣的釋例，為部落文化保存、生態體驗與職人研習課程等，開出了一條小路，除此之外，座談會還促成了一對佳偶，我還不小心變成媒人（笑）。當然，最大的成就之一，就是看到子涵在離開我辦公室後，遠赴日本繼續探索地方創生的議題，回台後成為重要的發聲者。

有人說，台灣跟日本社會問題只差五年。意思是，日本出現的社會問題，可能在五年後台灣也會發生。今年（2020 年）台灣第一年出現人口負成長，除了六都外的地方將會感受到更大的壓力，子涵這本書的問世，也顯得格外重要，透過日本這面鏡子看清楚我們的需要。但是我們也不要先妄自菲薄，因為這幾年我走訪地方，台灣創生的能量，是會讓日本人驚羨的：就像我們的國會隨時可以成為年輕人改變政治的平台，變成別人的鏡子！

○ ● ○

最具參考價值地方創生書籍

──────● 林峻丞 (甘樂文創志業股份有限公司 董事長)

在三峽蹲點十多年，從社區營造到地方創生，努力在家鄉建構「社區支持系統」，十年來逐漸驗證了我的理論，地方創生絕對不是只有投資創生事業，更需要從政策的盤點與制定、建構人才培育系統、投資創生事業…等，全面建構一個「地方創生系統」，才有可能真正讓一個鄉鎮創生。其中人才培育更是重要，我在許多演講都會提到，過去我們都在號召青年返鄉，但我們更應該去思考，我們故鄉到底需要什麼樣的人才？要如何培養人才？未來地方創生我們不是談返鄉，而是培養留鄉能力。

在台灣地方創生才剛萌芽，許多鄉鎮都還在探索如何創生？

古人云「讀萬卷書不如行萬里路」，見學是一個很好的學習方式，但若要走訪完全日本的創生團隊可是要花上非常長的時間及資源，緩不濟急。作者謝子涵走訪日本各地，將日本創生案例記錄下來並加以解析，讓讀者能清楚知道這些案例的成功因子。

當然，畢竟台日兩國的文化、民族性、城鄉的問題皆不同，日本的經驗不見得可以複製到台灣，但絕對可以提供台灣學習。看過這麼多關於地方創生的書籍，少有如此詳盡的提供大量創生案例及分析，因此我把本書評鑑為「最具參考價值地方創生書籍」。希望你也能跟我一樣，在書中獲得養分。

○ ● ○

每個人都需要的地方領路指南

──────── ● 柯伯麟 (玖樓創辦人)

我們都知道為什麼要地方創生（城鄉發展不均、人口外移、首都減壓），也知道自己可以做什麼，但從來沒有人告訴我們要如何做。子涵的書寫，就是一本詳盡的領路指南，讓我們的「如何做」，不再迷霧裡找不到方向，能更有底氣往地方出發。

跟子涵認識以來，每次都發現他出沒在大大小小的地方現場，我相信身為一個地方系筆耕者，理論與實務的在地交陪絕對是重要的工作。看見子涵在台日之間的好人緣，就知道他把這份工作做得相當出色。如今子涵把他的洞見跟體驗變成專書，兼具感性與理性的實地觀察，讓我們這些麻瓜得以一窺日本地方的現場，進而在自己的土地上萌發屬於台灣地方的芽。有幸早各位讀者一步拜讀此書，想跟各位分享，從側面偷偷觀察，要成為擾動地方的工作者，從子涵身上的特質無非是，坦誠相待與長期陪伴以及不把所有事情當作理所當然。

日本的地方創生案例早已百花齊放，成功的多，失敗也不在少數。從都內到離島，每個地方都有獨特的人設，經過子涵三年的書寫熟成，地方日常與生活風格躍然紙上，地方再也不是城市的外圍，而是通往內心的大門。

生活淡淡全是流水，
有了像風一樣的人，
所到之處皆是波光粼粼。
但願我們每一個人都能成為日常的漣漪。
感動自己也感動別人的靈魂。

再次謝謝子涵的書寫，不論你在路上、或是還沒出發，我誠摯推薦大家帶上本書，滋養你跟地方的關係，相信會有更寬廣的視野、更深切的思考，能在大時代中無懼地擁抱變化與未來。

○ ● ○

一本引導閱讀者看見地方創生成功法則、
窺見潛藏課題的書籍

──────● 張力亞（國立暨南國際大學通識教育中心助理教授兼社會組組長、水沙連人文創新與社會實踐研究中心協力治理組組長）

「地方創生」是一項計畫？還是一個社會發展現象？前者，我們看見的可能只有因這計畫而來的經費補助；如果是社會現象，那麼它就涉及多元的社會問題。舉例而言：地方人口流失，難道只有地方就業的產業力課題嗎？其實也涉及鄉鎮治理能力、地方環境力、地方教育力、地方衛生福利力、地方自我認同感等綜合性課題。如何突破結構困境，不同利害關係人必須勇於對話並且嘗試導入各項社會設計方案，方能為地方找尋到各種可能的創生路徑。

台灣與日本相近，近年國家發展面臨少子女化、高齡化而導致的地方人口減少、地方經濟圈衰敗之持續性衝擊。相較台灣，日本首相安倍晉三 2014 年即提出《城鎮、人、工作創生法》，並設置專責組織、框列相關經費，透過「情報網站建置、為地方創生培育人才、財政支援」三支箭積極協助地方發展。雖然歷經多年努力仍舊無法扭轉東京的人口磁吸效應，但卻在各地方藉由產官學研社的社群協力合作，發展出許多提升地方發展活力、減緩人口快速流失的行動策略、理論知識。

. 本書作者透過實際參訪與訪談，深入淺出的書寫出日本不同市町村與政府部門人才培育的創新作為與創生眉角，另透過案例提出反省內容，引導閱讀者看見邁向成功的關鍵法則，同時窺見潛藏的挑戰課題。筆者深信本書內容深具閱讀價值，衷心推薦給予大家共學成長。

○ ● ○

推薦序

● 張正衡 (國立台灣大學人類學系助理教授)

　　聽聞謝子涵關於日本地方創生的調查成果即將出版成書，著實感到高興。近年來，子涵對於地方創生政策的內涵精神以及實行成果，都以大量閱讀加上實地走訪調查的方式，用本土語言進行了翔實而廣泛的記述。但這並不是說子涵的工作只是有效率地在翻譯日本各級政府的政策說帖與文宣而已。因為「地方創生」其實只是個定義模糊的概念，實際所指涉的會是一個政策、法規、資金與人員的複雜叢集，並且在日本各地的獨特脈絡中激起全然不同的反應。因此，要能夠在諸多的案例中精確選取調查地點，並且進入各自的執行細節中加以理解與描述，這樣的調查過程所需要的絕不僅僅只是文字翻譯的能力而已。

　　更加令人讚許的是，子涵不僅悉心將這些政策運作的經驗成果整理成公開的篇章發表，還積極地透過演講與工作坊的形式將之帶到台灣社會的許多角落。不是以一個哈日族或政府宣道師的姿態，而是藉由分享與對話，讓各地的社區實務工作者能夠得到具有參考價值的一手資訊。如此不但有助於跳脫形式主義的窠臼，帶來更為精準的政策批判觀點，也可能藉以發展出相應的行動策略。

　　作為一個同樣關心這個主題的研究者，在提前拜讀這本《抓住風一樣的人》的內容之後，更加相信此書的出版將可以給國內的相關實務領域帶來一定程度的刺激與能量。

○ ● ○

推薦序

————————● 曾旭正 (台南藝術大學教授、前國發會副主委)

　　不論社區營造或地方創生，「在地」兩個字都是關鍵。因為在地，所以有感情；因為在地，所以是自發的；因為在地，所以是要行動的。在承平時期，人們可以為了讓鍾愛的家鄉更美好，所以呼朋引伴做些既歡喜又感動彼此的事；當故鄉面臨危機，迫切的行動就成為義務，且需要向上向外爭取助力與資源，甚至，需要國家的政策介入。

　　從社區營造到地方創生，就是這樣的過程，地方創生可以是因應存亡危機的社區營造。其危機來自人口的急遽變化──住民減少又老化，在地的生氣自然低落。人口的問題自然也要由人來解決，減少外流、吸引回流甚至吸引非本地人遷入成為新住民，都是地方創生的具體目標，但困難的是要怎麼做？什麼樣的行動能夠激發住民的問題意識，進而凝聚集體的向心力？如何發想出有創意的行動，吸引更多人成為關係人口？

　　每一個產生問題意識的地方，都開始在自己落腳的土地上摸索著前進，除了盯住自身的問題，也期望認識在其他地方同樣努力著的同行者或先行者。台灣在 1990 年代展開社區營造政策時，不論民間或政府就時常參考鄰近的日本經驗。卅年後，面對地方創生更是如此。《抓住風一樣的人》相當寬廣地提供台灣向日本借鏡的素材，由生動的地方故事揭開序幕，再介紹地方層級推動地方創生的各種機構、計劃；最後，介紹政策面的內涵，也稍稍觸及台灣的政策。

　　在第一線打拚的朋友需要它，在政府機關執行計畫的公務員更需要它，期望大家都能透過它得到靈感、勇氣和助力，巧妙地抓住那風一樣的人！

○ ● ○

振興地方需要的不只是返鄉青年，更需要符合時代潮流與貼近在地需求的政策制度！

──────── ● 蔡文宜（台灣觀光地方創生協會副理事長）

　　原在科技業擔任法務主管負責智慧財產權管理與授權的我，因轉換工作跑道而有機會認識許多青年返鄉。他們對推廣在地文化有高度熱情，以旅人的思維，重新包裝在地亮點，透過民宿、咖啡廳、文創設計、文史導覽、產地餐桌、大海探險等做為展演在地生活的媒介，透過網路行銷吸引外地人造訪認識他們生活的社區，這些年輕人燃燒生命以創意包裝在地風土「讓旅人體驗的不凡，其實是在地生活的日常」！

　　可惜台灣觀光產業仍停留在七○至九○年代以團體旅遊為主軸的管制架構，這些花時間了解地方風土人文，透過文化創意轉譯能力，營造出大眾感興趣亮點而能提供有獨特魅力體驗行程的返鄉或移居青年，常誤觸法規被檢舉或收到高額罰單。在鄉間創業已不容易，過時法規更讓他們飽受挫折。經朋友引介下，認識幾位熱心公益學者，想找方法幫這些年輕人而投入了日本觀光與地方創生政策研究尋找解方。研究結果發現日本地方創生政策的「國家戰略特別區域法」制度，以國家戰略特區制度連結中央政策推動及兼顧地方發展需求，允許在不同區域進行不同法規鬆綁與產業創新實驗，蒐集實驗資料作為中央法規調適的依據，這套制度類似我國「金融監理沙盒」的概念，如能引進台灣就有機會讓各地新創或特色產業透過實驗進行創新或轉型。

　　2018年春天我們將「地方創生法規沙盒」機制放入「地方創生基本法」草案，並將此草案提供給國發會與立委諸公參考。草案提出後，為了讓此公共政策議題能長期推廣與倡議，設立了「台灣觀光地方創生協會」，期待以系統性方式串連各地投入地方創生的青年們，輔導培育他們在創業不同階段所需的商業知識與人脈，且更進一步協助他們與中央及地方政府交流與溝通，以建構符合各方利害關係人需求與發展的地方創生計畫與政策。

　　這幾年在協助地方青年或地創政策討論場合中常與子涵同台。年紀輕又漂亮的子涵，對推廣地方創生政策有高度熱忱，常被戲稱「地創美少女」的她，自日本返台後，跑遍全台為地方團體與各地公務人員講授地方創生制度，並投入許多時間整理她造訪日本各地取得第一手資料。過去幾年她發表許多日本地方創生制度與實例研究文章，不論在質與量都非常出色。

　　引頸期盼許久，子涵終於出版這本對推動台灣地方創生政策與制度具高度參考價值與意義的書。這本書提出許多可借鏡的日本地創政策與實例。期待這本充滿寶貴知識的書，能讓返鄉青年更容易整合資源，對外溝通以建構永續經營的商業模式！也期待想讓自己家鄉變得更好的公務員、想讓選民過得更幸福的首長與民意代表，讀完這本書後，願意提供更多資源讓返鄉青年學習深掘地方風土，讓他們有資源跨領域跨地區學習，甚至提供機會到國外參訪提高國際視野與格局高度。更重要的是學習他人之石，共同打造出適合這島嶼的地方創生生態系與制度，讓地方風土經濟能在鼓勵在地創新的政策與友善法規環境下成長茁壯。

○ ● ○

起心動念

──────● 謝子涵

2018 年的 4 月 1 日，抵達春季的東京。未及數日，4 月 6 日便迎來櫻前線結束，見證了從櫻花滿開轉瞬至落華繽紛，以秒速 5 公分的速度落下。之後在日本為期的半年研修，也經歷了綺麗而目不暇給的創生旅程，4320 小時，就如同櫻花短暫的美麗及哀愁，轉眼間就到了結束之時。

花さそふ嵐の庭の雪ならで　ふりゆくものはわが身なりけり─百人一首 96 入道前太政大臣

花は散りその色となくながむればむなしき空に春雨ぞ降る─新古今和歌集 149 式子內親王－

還記得年少時期人生第一次踏上日本土地，是高一那年，因為學校舉辦修學旅行而前往福島高校交流。第二次在日本久待，則是我升大三的暑假，獲得日本國際交流基金會的獎學金，到大阪國際交流中心研習 45 天。那一次走訪了廣島原爆紀念館、關西防災中心、神戶的 JICA 國際協力等機構。

也是在那一年，有機會首次前往日本瀨戶內海上的小豆島。當時是為了朝聖木下惠介編導、高峰秀子主演的〈24 個眼睛 (二十四の瞳)〉場景，意外路過第二屆瀨戶內藝術祭。大概是在島上吃著醬油牛奶霜淇淋時，這裡所體驗的一切於內心埋下了種子，種下了與日本地方的不解之緣。也是在那 45 天後，種下了我對研究日本公眾外交的啟蒙，「為什麼日本海島能？台灣海島呢？」決心研究日本的政府政策。

在那三年後，我帶了家人前往第三屆瀨戶內藝術祭，在直島上的蒙古包外仰望滿天星斗、在安藤忠雄建築師的南寺裡領悟見與不見、在豐島美術館裡與小水滴們遊樂、在小豆島之夢中與家父長談，感受大自然

萬神萬物的生命力量，以自然為師、以環境為家，用藝術的表現手法，讓我對「體、驗、人生」有新的嚮往。

之後，國際政治研究所畢業，學習如何用戰略角度來看國際政策的運作，論文題目寫的是安倍晉三政權做國防政策的決策過程。接著到了立法院擔任法案助理，在國會中我負責研究台灣的青年政策與創新創業生態系相關配套措施，整體政策的問題意識是台灣的年輕人無論在家鄉或都市，邁向創業舞台的路途遙遙，往往受限於行政法規、風氣氛圍、家庭與學校教育甚至地方政治。

在討論各個國家的創新創業生態系時，要檢討的領域包括：資金、政策、市場、人力資本、文化，以及可支持的環境。因此在立法院開了多場公聽會及國際座談會，希望透過「創新」這個主題來檢討既有的政策與法規，希望能擴大「創新創業的認同支持」、「落實總體創新的價值」並「開創國際連結」。就在那一段時間，我看到日本的內閣府有一個地方創生國家戰略（まち‧ひと‧しごと創生戰略），總體性地檢討日本的地方治理方式，回溯地方問題的本源，釜底抽薪，回應需求，解決地方人口減少的課題。

「2017 年的 7 月，在立法院，台灣一名 36 歲的余宛如立法委員召開一場『青年 × 地方創生』的公聽會，邀請全台灣各地不同領域的青年佼佼者，進到國會殿堂，向政府十二個部會單位發聲，分享在台灣各地青年第一線打拚的經驗，並提出政策建議，希望打造台灣更適合創業的環境。」這是我在日本向官員、組織團體介紹台灣地方創新創業發展政策時一定會提到的，此時對方往往會露出深感興趣的意象，因為政治或政策通常不是日本年輕人熱衷參與討論的議題，而且地方創生談的是每一個地方的未來可能性。

想當然爾，由下而上找年輕人直接談最有意義，且只要不斷討論政策計畫，並提出改善建議，那麼對我來說也算是小小參與了政策制定，即使溝通協調的過程還需要時間，但也讓我了解理念價值、現實需求、行政治理、媒體、中央和地方如何繼續進步下去。

很幸運的，2018 年的 4 月開始，我獲選至日本政策研究大學院大學（National Graduate Institute for Policy Studies, GRIPS）參加為期半年的訪問研修（台湾若手人材育成プログラム）。日本這所「政策研究大學院大學」的「學生」，絕大多數都是來自日本與各國的官員、公務人員，以及政策研究者，同時也多具有至少 3 年以上的工作經驗，可說是日本公共政策體系專屬的「進階人才養成班」。不只如此，這學校也成為日本與世界各國聯繫交流的產官學交流平台，例如學校於 2013 年底成立的「政策研究院」（GRIPS ALLIANCE），除了是日本最知名的國立智庫之一外，也承接日本政府「跨太平洋戰略經濟夥伴關係協議」(Trans-Pacific Partnership, TPP) 的經濟影響分析任務。

這個「台湾若手人材育成プログラム」是由日本菸酒公司（JT）贊助而成，為了推動國際交流而與 GRIPS 合作，不同於僅只舉辦國際研討會就結束的計畫，希望研修者能夠藉由自主提案的題目，在半年的時間內與日本國內相關機構交流。研修內容包含：

1. 自由選修三堂課程：GRIPS 所有課程都是由理論與實務經驗豐富的教授授課。

我在申請研究計畫時是提出「日本地方創生戰略決策經驗」一題，選修了橫道清孝副校長的行政學、北岡伸一教授的「日本政治與外交」，以及有本建男教授的「日本科學技術創新政策史」，這三堂課象徵著我對於日本地方創生的切入觀點，也就是日本內政與外交連動的革新。

2. 政府單位實習：GRIPS 在一開始會媒合一位指導教授給每一位研修生，我的指導教授是高田寬文教授。此外也會依照研究計畫所需媒合訪談及實習的單位。研究電影產業政策到橫濱電影資料館，研究亞洲高等教育交流就到 GRIPS 的國際交流室，而也有研修生是到福島縣政府觀光課。我則是到一般財團法人地域活性化中心實習。

3. 學校的「Summer Program」和田野調查：由學校的國際學生會和日本學生會企劃舉辦的「Summer Program」，會透過校友和學生的政商人脈，舉辦日本企業及各國駐日大使館參訪活動。此外，學校也為研修生舉辦地方政府考察體驗。讓我們能善用學校的資源完成研究報告。

在研習的最後繳交一份報告書，期許研修成員成為台日間政策交流的橋梁。這也反映了日本政府不遺餘力地推動國際交流，小至學校教育旅行、大至日語教師研修、政策田野參訪及出版、甚至還有與亞洲與世界的國際合作。

我的題目，原先設定是日本地方創生戰略的政策決策過程、國家戰略特區的法規鬆綁過程、地方創生補助金制度以及人才培育制度。在第一次與我的日本師長討論時，「這計畫只有半年，一個外國人要針對國家戰略特區作訪談應該不大能得到太完整的回答，這題目太大了。」因此，我便聚焦在補助金制度和人才育成這兩塊議題上，這議題就成了我所有訪談及與日本公務員同學交流時的話題。

針對地方創生戰略這題目，從地方政府拜會訪談面來看，GRIPS 的高田寬文教授引薦我到很多地方政府採訪，包括內閣官房地方創生事務局、總務省地方振興組、山形縣米澤市、北海道東川町。也很感謝 GRIPS 的副校長、校友、同學們的連結協助參訪北海道廳、長野縣小布施町、山口縣周南市、伊豆的長照機構。從觀光面我走訪了新潟縣的越後妻有大地藝術季、宮城仙台觀光協會、宮城地震建築毀壞最嚴重的女川町、傷亡人數最多的石卷市，以及明治維新的胎動地萩市。

而公民團體面，我參加不少活動，像是日本的《食通信（食べる通信）》大阪年會，探討社會企業的非營利組織 ETIC 舉辦的地方人才年會（ETIC 地域仕掛け人大会）、日本 Jalan（じゃらん）旅行網站的東北旅遊展品設計會、日本經濟新聞舉辦的 SDGs 年會，以及東京醫療創新研討等活動。

更特別的是 GRIPS 每年八月中會舉辦很多密集的政策研習課程，有針對內政與外交（理解日本研修）的密集班，對象是全國的公務人員。我便參加了為期兩星期的地方社群創新政策鏈結（地域コミュニティの政策イノベーション能力、つなぐ力）集中研習，與來自日本全國各地的公務員們一起上課，學習日本的地方創生（防災、農業、醫療、觀光、商業產業、

政策法案、中央地方合作、長照等）理論與實踐經驗。

最後一個月 9 月，則是到日本一般財團法人地域活性化中心實習，這個法人的成員為來自日本全國地方政府有領導力的公務員，派遣到東京一至兩年，向全國跨領域人才交流，學習地方創生人才養成理論、實際執行協助地方政府創新實踐的專案、國內外地方創生調查研究、全國故鄉觀光宣傳等專案。實習項目包括了解地方公務員人才進修制度、參訪全國移居諮詢機構、參與地方創生實踐塾（群馬富岡紡織世界遺產媒體宣傳專案）、拜訪東京廢校活化玩具美術館、參與地方創生大學人才講堂、地方政府人才育成簽約（靜岡牧之原市）、學習人口／地方經濟循環研究室課程。

本書與大家分享我在日本做議題研究以及實習的心得。將分為三部分，一是「地方始終那麼精彩」來看在日本地方創生國家戰略下，不同市町村的發展心法。第二部分「你要如何回到地方」記錄下我在實習與研修的篇章，包括參與第一線活化研修的課程內容與活動紀錄。第三部分則是「在地方之外的努力」探究國家在制度上如何完善地方創生生態系，讓地方的精彩與人都能在更友善的環境中成長卓越。

○ ● ○

目錄

第 1 篇

地方始終那麼精彩

找尋在地認同 DNA：
看山形縣米澤市如何推動
「以人為本」的城鎮品牌戰略計畫

你認為米澤什麼東西好？有什麼會讓你想要搬走的原因或問題？20 年後的米澤又會是什麼樣子？你能為米澤帶來什麼樣的小改變或是大影響？對你來說米澤的挑戰是什麼？又能在米澤創造些什麼？－這是米澤市公所品牌戰略中為工作坊設計的願景書「Work Tool for Yonezawa Quality」中的提問。

以「米澤牛」聞名的山形縣米澤市，對外地人來說，最明顯的品牌形象就是米澤牛美食，但對當地人來說，反而形成了「除了牛以外，沒有人知道那是什麼樣的城鎮」的困擾。

品牌的概念對城鎮來說，是地方帶給居民的感受與價值，是用簡單的符號或商標就能讓你聯想到他的特色、價值與世界觀，也是用來做對話、溝通與行銷的一致形象，更重要的是，讓居民認同且認為品牌的意義「與他有關」。在有品牌價值與哲學思維後，不論是農特產、觀光景點或是企業與公共服務，對外都有個團結的形象，藉此吸引更多人前來交流與定居，讓更多人有印象、有愛。

建構市民參與式城鎮品牌戰略，提升市民意識→口號具象化→新的米澤價值。米澤市認為由市主導建構品牌概念，相互連動的行動。

● 推動品牌化的示意圖

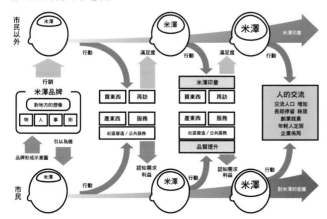

↑ 圖片來源：米澤市產業部米澤品牌戰略課。

盤點米澤的經濟社會、自然環境、傳統歷史、人才與教育

在做品牌的前置作業時，首先要了解米澤的歷史、自然和產品等多樣的資產，並點出那些讓米澤市以外的人，可能可以感受到的魅力。包括歷史：延續 1767 年繼承米澤藩並在其後扭轉米澤藩財政的上杉鷹山改革創新的精神。自然：四季分明，擁有米澤八湯溫泉。物產：日本首屈一指的米澤牛、畜牧產業和米澤織品。

然而米澤遇到的現實是：整體人口下降、製造業人口銳減，以及日本民眾對「米澤牛」的認知度過高，導致不了解米澤的其他特色，也就是認為「米澤是米澤牛的那個米澤」。而非認為「米澤市的特色有米澤牛」。換言之，米澤遇到的問題就是：對市民與市外的人來說「一說到米澤，沒有人知道那是什麼樣的城鎮。」而解法就是，將米澤與其特色全部要連結在一起，讓大家最後可以不經說明，一看到上杉鷹山就知道是米澤的歷史特色，並活用米澤牛的知名度，讓外界更多人實際上享用美味牛肉後，自然也能產生品牌聯想。

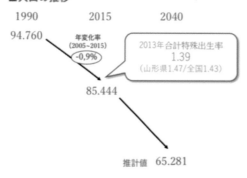

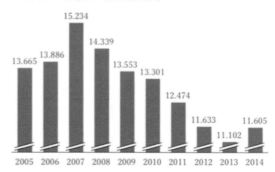

↑ 米澤市的人口推估圖與製造業從業人數圖。圖片來源：米澤市產業部米澤品牌戰略課提供。

建構市民參與式城鎮品牌戰略，提升市民意識→口號具象化→新的米澤價值

米澤市認為，一個城鎮品牌，不應該直接由市主導建構，應該是要由下而上形塑共同的品牌概念，讓「市民、市外、資產」都可以相互連動的行動。首先招募市民成立專案組織、郵寄市民問卷調查，從調查中分析不同性別、年齡層對於居住在米澤的滿意度、是否想要搬離米澤、居住的特性（U、I、J 移居）、米澤的自豪的、向縣外誇耀、用一句話描述米澤特色等問題，從中整理居民對於改變米澤的意願以及想法，還能觀察出重要關係人口大概落在哪些族群。

■米沢市で人生を送ることへの満足度

非常に満足している / 満足している / どちらともいえない / 満足していない / まったく満足していない

3.7 ｜ 35.3 ｜ 37.8 ｜ 17.3 ｜ 5.5 ｜ 0.4 無回答

■米沢市の今後への期待

非常に期待している / 期待している / どちらともいえない / 期待していない / まったく期待していない

13.9 ｜ 43.3 ｜ 22.9 ｜ 15.3 ｜ 3.9 ｜ 0.8 無回答

■米沢市民であることへの誇り

非常に誇りを感じている / 誇りを感じている / どちらともいえない / 誇りを感じていない / まったく誇りを感じていない

4.3 ｜ 29.1 ｜ 46.3 ｜ 13.6 ｜ 6.2 ｜ 0.4 無回答

■米沢市の発展への関与意欲 「非常に期待している＋期待している」人ベース

自ら積極的に行動していきたい / 協力できることは協力していきたい / 自分自身にできることは特にないと思う / わからない／これから考えたい

5.4 ｜ 64.6 ｜ 15.7 ｜ 14.3

■米沢市への継続居住意向

色対に住み続けるつもりだ / まあ住み続けたいと思う / あまり住み続けたいとは思わない / わからない／これから考えたい

11.0 ｜ 52.9 ｜ 12.7 ｜ 9.5 ｜ 13.3 ｜ 0.5 無回答

他の街に住みたい

↑ 對米澤的居住滿意度、願景期待度、諧耀度、發展合作意願、續住意願。
圖片來源：米澤戰略計畫 KPI 市民調查（第 1 回）

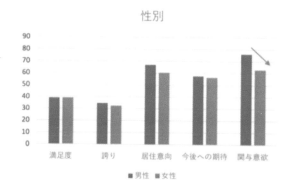

性別

■男性 ■女性

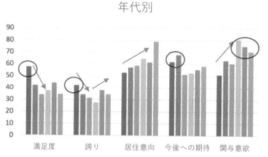

年代別

■10代 ■20代 ■30代 ■40代 ■50代 ■60代

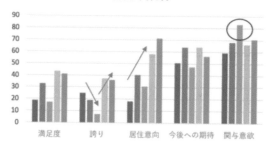

居住年数別

■3年未満 ■3~5年 ■5~10年 ■10~20年 ■20年以上

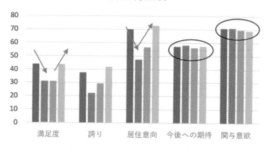

居住特性別

■Uターン ■Iターン ■Jターン ■ずっと米沢

↑ 主要調查指標與市民性別、年齡、居住年數、居住特性之關係。

■ 米沢市の誇りを感じるところ

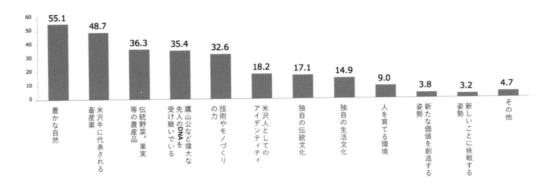

■ 米沢市の誇りを感じるところ

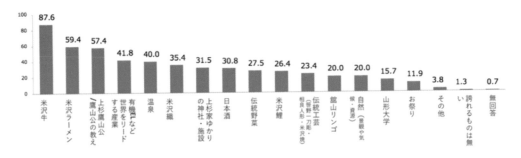

↑ 米澤市內自豪與向市外誇耀的特色調查。圖片來源：米澤品牌戰略計畫 KPI 市民調查（第 1 回）。

再來開辦市民品牌工作坊，邀請學生、企業、市公所的人共同討論，將市民聲音，轉換成米澤品牌的概念方向，以及品牌識別，最後，市民們可以很驕傲地說，「這個米澤品牌是我們一起生出來的。」

↑ 米澤品牌戰略市公所工作坊。圖片來源：米澤市產業部米澤品牌戰略課提供。

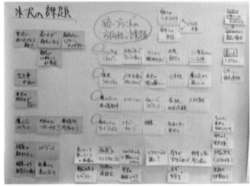

↑ 米澤品牌戰略企業工作坊。圖片來源：米澤市產業部米澤品牌戰略課提供。

工作坊後的匯總整理，米澤的魅力是什麼？

經過多場工作坊後，由米澤的品牌推動小組整理出六項米澤的魅力，包括傳承鷹山公「日本的真與富饒」、鷹山公的創新精神、濃縮日本四季豐富的自然環境、質量高的米澤產物、與自然共生的健康、距離東京 2 小時的戶外鑑賞。從這六項特色中，提出五個品牌概念分別是：

A. 高品質的日本精華「Compact・Japan 米澤」
B. 人間力 × 自然力「米澤品質」
C. 鷹山公的 DNA「挑戰和創造的城市、米澤」
D. 都會人的渴望「第 3 場所」
E. 在自然中生活「米澤風格」。

接著將五個品牌提案概念，再舉辦 32 個團體 215 人，都各延長 50 小時的工作坊，最後是鷹山公的 DNA「挑戰和創造的城鎮、米澤」獲得最高評價。大家普遍認為這樣的概念有表現出「對未來新的米澤有著高度的期待感」，認為「創造」隱含著可能性，「創造價值」讓人感到有魅力，有一種大家可以一起熱血向前行的感動。此外，對於「挑戰」一詞也有面對現實的挑戰「不得不做出改變的危機感」，希望能夠傳承傳統的精神，提高傳統的品質。換言之，市民對於改變現在的米澤有願意挑戰改變的意志，認為應該要繼承上杉鷹山「有志者事竟成（為せば成る）」、「改革要從自己做起」，不畏嚴峻挑戰、創新的DNA，且引以為榮。而面對夏熱冬雪的嚴峻環境、運用自然的恩惠產出的產品，是謂米澤人的工藝與智慧。

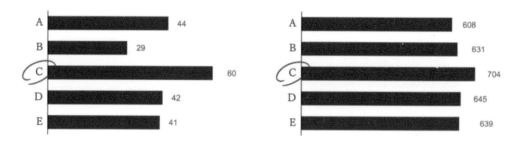

↑ 品牌概念投票。圖片來源：米澤市產業部米澤品牌戰略課提供。

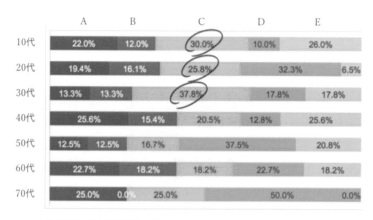

↑ 市民工作坊的提案評價。圖片來源：米澤市產業部米澤品牌戰略課提供。

「創造與挑戰」的品牌共有與共享

在決定好品牌概念後便可以決定品牌商標、說品牌故事，250 年前中興米澤的鷹山公擁有「有志者事竟成」以及「傳國之辭」精神文化，不但革新了行政、發展了產業，還是美國甘迺迪和柯林頓最尊敬的日本政治家。因此米澤該用什麼態度和長處，來面對下一個時代的課題，就是該共同挑戰創造日本國家地方的未來。朱色代表創造與挑戰的意志、米澤品質的章紋與原本市徽相映、澤字的川代表米澤為最上川的源頭，同時出版米澤品牌設計書，開放市民登記使用。

↑ 米澤品牌商標與宣言。
圖片來源：米沢ブランド公式 Web サイト。

推動米澤品質向上運動，
開辦 TEAM NEXT YONEZAWA
米澤品牌獎

　　品牌的延伸不應只是行銷，而是形塑地方的價值與行動。米澤品質向上運動運用了「挑戰與創造」這一個價值，從凝聚市民意識開始，到激發產品品質，再到讓米澤價值實體化，這個看得到的價值是由市民朋友們一起提案共有，所有市內的人皆可以登記共享商標，另外，可以透過獎項來彰顯米澤的究極品質，換言之得獎者可說是品牌的代表選手，能向世界、向日本全國訴說米澤價值。

↑米澤品質質。
圖片來源：米沢ブランド公式 Web サイト。

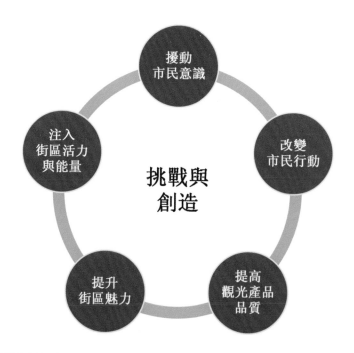

↑米澤品牌「創造與挑戰」的價值與行動。 圖片來源：米澤市產業部米澤品牌戰略課提供。

　　同時透過這個運動，串連登錄者舉辦商品開發、品牌行銷等課程，也統一聯繫市內與市外的市場和社群、媒體露出與出版，提供更多充實的刺激與知識。透過品牌運動累積創業者、學生參與、學校教育、社會教育、新農、六級產業、產學合作、品牌工作坊的能量，進行經營販售與研修，連動群體共同宣傳。

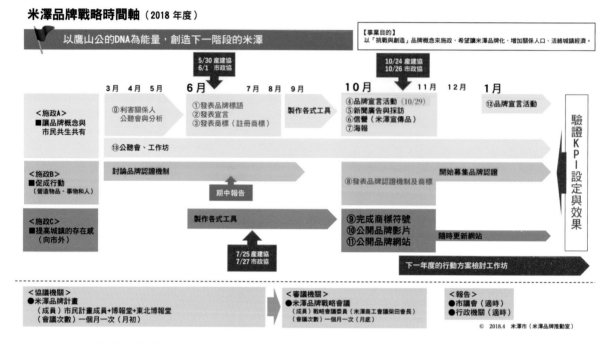

↑ 米澤品牌戰略時間軸。圖片來源：米澤市產業部米澤品牌戰略課提供。

以人為本的品牌戰略計畫，帶動地方的改變

我們常說「一個人可以走很快，但一群人可以走很遠。」對米澤品牌推動室來說，這樣的品牌戰略來自於團體作戰的思維，由在地公務員透過專案計畫來帶領，與廣告設計公司合作，激發出市民的共識，也就是鷹山公「有志者事竟成」的精神DNA，希望在地居民活出米澤的自然、文化、氣質特色與自信，以品牌帶出米澤人事物的感動，且時常保持寬闊的胸懷與外面的世界學習交流。

至於品牌的投資成效尚在關注中，特別是米澤品牌戰略預算是活用了日本地方創生戰略的資源，投入約 1 億日圓在 8 萬多人口的米澤市，希望提升創業及中小企業的附加效益與就業。值得探討這樣的「價值投資」報酬率在台灣鄉鎮市是否可行，然而無論可行與否，日本的地方正帶起一場場「以在地市民為本」的城鎮品牌運動。

※本篇感謝米澤市產業部農林課米澤品牌推動室伊藤輝室長接受訪談與提供資料。

找尋產業 DNA：
從人口以及產業數據圖看新潟縣燕市的產業政策

日本地方創生戰略有 4 大目標：1. 地方創造工作機會，讓人安心工作。2. 吸引新的人口到地方。3. 實現年輕世代的結婚生產育兒期望。4. 建構符合新時代安心的地方生活。

阻擋每一個目標的現實現況是什麼呢？到每一個日本地方，都可以聽到「100 種離開地方的原因」，若沒有實質一項一項、小尺度、客製化地去面對、去解決，那麼對日本社會來說，地方創生就是曲高和寡的口號、是中央將手伸進地方的手段。有什麼方法各個擊破？資源要給誰？誰能告訴我們地方未來二十年後是什麼樣子？誰應該要一起合作，補助款怎麼用才有效？雖然這些問題的答案有時不是這麼輕易解答，可是「爭取補助是為了讓地方賺更多永續社會資本，養活吸引著更多想要在地方追求獨一無二生活的人」這件事在日本慢慢成真。

日本在企劃每一場具有地方創生內涵的活動時，並不會標榜著在做地方創生。那麼在「地方留不住人」、「地方沒有魅力」等議題上要如何施力？是否要有跟過去不一樣的宣傳方式？地方魅力的產生，其實是透過一次又一次的內外宣傳而來。日本燕市與三条市透過一次又一次向外說「我是誰」「我是什麼」「我有什麼特色」「別人期待的我是誰」「我要說給誰聽」「我的在地獨一無二的 DNA 是什麼」，致力於將在地主要產業魅力拉出來，並以東京奧運為目標，擴大人群走入產地的機會，更重要的是，這也將為在地人民帶來更多機會。

三条市的產學合作的政策企劃：國小生、跨領域，以及以人為主題的文宣

新潟縣三条市公所的經濟部商工課與日本知名的「KidZania

我們可以發現在尋找地方 DNA 這一件事情時，除了山形縣米澤市以歷史人物 DNA 為核心的城鎮品牌，也有像新潟縣燕市和三条市為我們示範以在地中堅產業為核心的城鎮品牌做法，不妨動手打開台灣地方創生經濟資料庫 TESAS 看看你的家鄉有什麼產業特色。

兒童職業體驗城」合作開辦了孩子的職業體驗節（KidZania Ministry Festival, KMF）。讓在地的國小生能夠實地到三条市 27 個不同的工作場域見習，包括金屬的開發製造工廠（菜刀、指甲剪、零件、鉗子、金屬掃具、工具盒、推車、模型）、鍛冶職人的工作室、在地工業平面設計學校、企業以及公務員（律師、法官、照護社工、郵局、村落金屬零件雜貨、影片製作、議會、圖書館、營養師、道之驛店長、保育師、消防師）。

可說是鄉鎮版本的職業體驗，也是將產學合作向下扎根，讓鄉鎮青年提早了解地方工作型態與產業，說不定就能更早立定志向，也可能會在結束求學過程後，返鄉就業創業。更特別的是，參加完每場小小職場體驗後可以得到一枚價值 500 元日幣的 KMF 貨幣，可用於三条市中特定的店舖以及三条產業學校（ものづくり学校）換購工藝品。

←↑三条市 KMF 貨幣工資。
圖片來源：三条市經濟部商工課キッザニア マイスター フェスティバル。

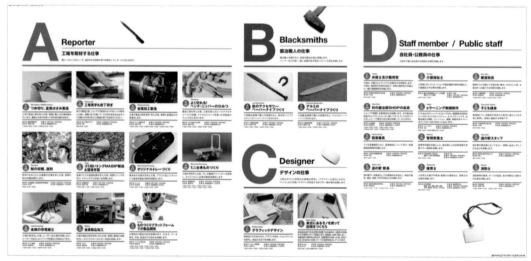

↑三条市 KMF 小小職場體驗。
圖片來源：三条市經濟部商工課キッザニア マイスター フェスティバル。

三条產業學校前身是 2014 年廢棄的南小學校，提供一個新的交流場域平台，促進在地工廠、設計師開發新商品，推動製造業的人才育成，更重要的是促進區域交流以及情報宣傳。

理解產業結構後的政策回應：
小尺度、小產業、附加價值與通路

我們看日本受到很多人關注的產地祭典「燕三条工廠祭典」，他舉辦這活動後的漣漪與背景狀態是什麼呢？從 2014 年的數據圖來看看燕市如何強化在地產業的競爭力。

人　　口		79,784人（平成27年国勢調査）
面　　積		110.96k㎡（平成27年全国都道府県市区町村別面積調）
事業所数		5,816事業所（平成26年経済センサスー基礎調査）
従業者数		46,007人（平成26年経済センサスー基礎調査）
	第1次産業	262人（平成26年経済センサスー基礎調査）
	第2次産業	20,559人（平成26年経済センサスー基礎調査）
	第3次産業	25,186人（平成26年経済センサスー基礎調査）
製造品出荷額等		406,529百万円（平成26年工業統計調査）

↑ 新潟縣燕市的人口及產業資料。圖片來源：地域経済分析システム（RESAS）利活用事例集 2017。

図表 4　2010 年人口ピラミッド（単位：人）

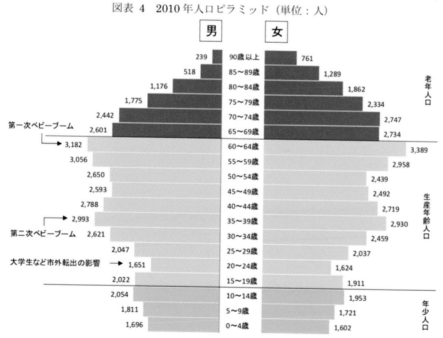

（出所）総務省「国勢調査」

↑ 人口流出情況以大學生外移較為嚴重。圖片來源：地域経済分析システム（RESAS）利活用事例集 2017。

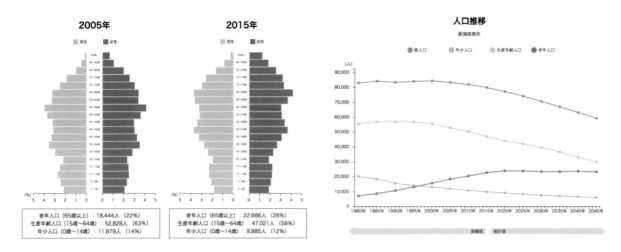

↑ 日本多數的市町村皆遇到高齡少子化、人口減少的問題。
圖片來源：地域經済分析システム（RESAS）利活用事例集 2017。

（図1）産業構造マップ　全産業の構造［2012年（付加価値額）、2014年（従業者数）］

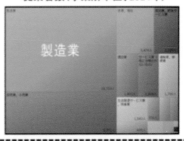

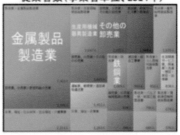

●産業構造マップ＞全産業の構造＞「表示レベルを指定する」で「市区町村単位で表示する」を選択＞「表示内容を指定する」で「付加価値額（企業単位）」（左側）、「従業者数（事業所単位）」（右側）を選択＞「表示分類を指定する」で「大分類で見る」（上側）、「中分類で見る」（下側）を選択

↑ 從 RESAS 產業地圖中，可以看到燕市的主要產業結構是金屬製造業。
圖片來源：地域経済分析システム（RESAS）利活用事例集 2017。

（図2）産業構造マップ　製造業の構造［1986年～2013年］

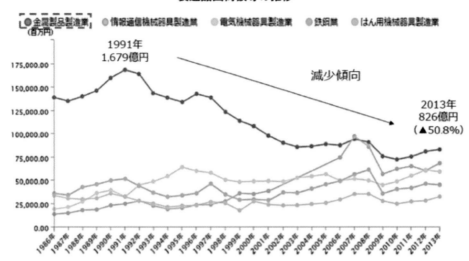

●産業構造マップ＞製造業の構造＞「表示レベルを指定する」で「市区町村単位で表示する」を選択＞「表示内容を指定する」で「製造品出荷額等で表示する」を選択＞推移を見る

（図3）産業構造マップ　製造業の構造［1986年～2013年］

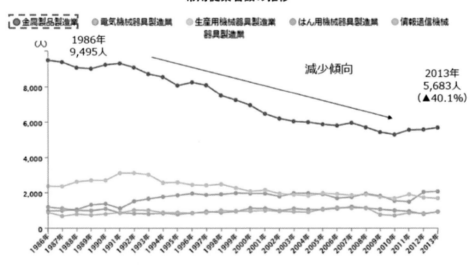

●産業構造マップ＞製造業の構造＞「表示レベルを指定する」で「市区町村単位で表示する」を選択＞「表示内容を指定する」で「常用従業者数で表示する」を選択＞推移を見る

↑ 從產業結構圖中可以看到金屬製品製造業的產值與從業人數近年來一直在萎縮，有必要擴大其盈利能力和雇用能力。
圖片來源：地域経済分析システム（RESAS）利活用事例集 2017。

（図4）産業構造マップ　労働生産性（企業単位）［2012年］
比較自治体：新潟県燕市、新潟県三条市、岐阜県関市

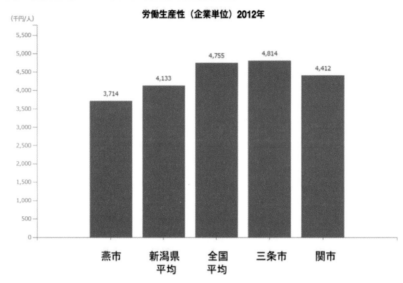

↑ 與其他地方政府、全國平均水平和地區平均水平相比，燕市的金屬製品業生產勞動力性低。
　圖片來源：地域経済分析システム（RESAS）利活用事例集 2017。

（図5）産業構造マップ　製造業の比較［1986年～2013年］
比較自治体：新潟県燕市、新潟県三条市、岐阜県関市

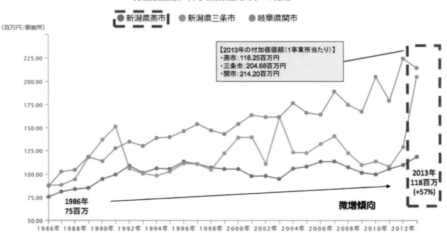

●産業構造マップ＞製造業の比較＞「表示レベルを指定する」で「市区町村単位で表示する」を選択＞「表示する内容を指定する」で「付加価値額で表示する」を選択＞「表示単位を指定する」で「1事業所あたりで表示する」を選択＞「表示産業を指定する」の中分類で「金属製品製造業」を選択＞時系列グラフで分析＞「比較地域を追加する」で比較対象自治体を追加

↑ 從金屬製品製造業一事業所的附加價值額、製造品出貨額等數據圖表，與其他地方政府相比較低，燕市特點是小規模經
　營者較多。
　圖片來源：地域経済分析システム（RESAS）利活用事例集 2017。

因此燕市公所提出以中小企業區域資源活用促進法為基礎的故鄉與名物計畫，推動燕市金屬製品應援宣言，希望**提升金屬製造業的附加價值、新通路**，展開燕市東京奧運計畫、燕市金屬製品聲援宣言、開拓通路及商業配套措施以及推動本地技術創新等計畫。希望能讓燕市成為以「製造業」聞名的城鎮。

而在 2015 燕市的地方創生綜合戰略中，提出：

· 工作：在強調要推動產業品牌創生計畫（產業創新、人才育成與通路）。

· 人：年輕人及女性活躍計畫（移居者就業支援、結婚生子養育政策以及中小學海外英語交流）。

· 城鎮：提出了以生活文化為主題產業都市（結合美、個性、傳統）。

4 年的計畫以邁向東京奧運為目標。相關計畫緊扣金屬產業與工廠風格，除了有開發、創新創業補助與融資之外：

1. 製作 TSUBAME JOB 30 專書：

由產業振興部製作全市的企業情報書，讓正在參加就職活動的人可以了解到市內有很多世界有名的企業，尤其是製造業的工作內容，此外也特別訪問年輕職員留在燕市工作的心聲。

← ↑ 圖片來源：商工振興課・お知らせ 企業情報ガイドブックを作成しました！

2. Made in TSUBAME 產地認證與燕製品牌
   提升計畫：
   市公所建立「Made in TSUBAME 認證平
   台」推廣燕製產品、委託設計師設計燕市
   專屬的西餐具、與東京奧運經濟界協會合
   作物產展、在東京虎之門新通路販售、開
   發冰上溜冰的冰刀鞋；挑選市內優質西餐
   具產品，作為招待外賓時的用餐器皿，此
   外也拍攝以外國人為主要受眾的宣傳影片。

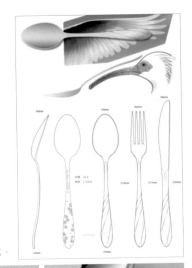

↓→圖片來源：つばめ金属製品応援宣言。

↑圖片來源：燕市 PR 動画 Do you know about TSUBAME products?

3. 推動推以金屬產品為主的企劃：

公所推動金屬乾杯計畫，製作乾杯網頁，協調商工會提供可出借的金屬鋼杯，募集市內的餐廳媒合使用，市民可利用手機網頁查詢市內哪裡有提供這項金屬鋼杯乾杯服務。此外在燕市的故鄉納稅回饋品中，多數是金屬產品，且納稅人能夠選擇將納稅額用於在地「產業振興」、「教育」、「社會福利」、「環境」以及「燕市的魅力行銷」或「由市長有效活用」。

↑圖片來源：燕市役所總務部總務課ふるさと納稅特設網站。

4. 推動「工廠產地觀光」以及「產業觀光定住自立圈」：

建置多語言的觀光網站，不斷強調以製造業聞名，尤其以金屬西式餐具聞名世界。此外，兩市合作推廣產業生活圈的概念，擴大舉辦「燕三条工廠祭 KOUBA」，希望帶動區域的產業觀光，從第一年只有策劃少數工廠，到第七年加入了購物場域及農產業，讓旅人可以到第一線參與工廠見學、體驗、購物，以及特別的工廠表演活動。可說是動員全區域以產業為主題的城鎮產業策展。

↑→圖片來源：一般社團法人燕市觀光協會。

我們可以發現在尋找地方 DNA 這一件事情時，除了山形縣米澤市以歷史人物 DNA 為核心的城鎮品牌，也有像新潟縣燕市和三条市為我們示範以在地中堅產業為核心的城鎮品牌做法，不妨動手打開台灣地方創生經濟資料庫 TESAS 看看你的家鄉有什麼產業特色。

找尋永續發展計畫：
日本的西粟倉村百年村落與「代幣經濟」

「過去『地方』一直是以『物理』概念中『存在』，像是有親戚血緣關係的場域，你我去過的場域，或是想去的場域；而現在『存在的地方』，則是我們生活之地，我們在這砍伐樹木、耕作土地，思考和展望未來」。

然而，這樣的地方，對於想要幸福生活在這的我們來說，這地方是最好的環境嗎。從期待他人創造『最好的地方』，到從現在開始，由自己來創造『最好的地方』，我想為自己創造一個讓自己感到快樂的地方，我相信這是一個可實現的未來。

創造『地方』虛擬貨幣，可以是從開始參與創造的一個項目，這個網站也是創造的過程之一，我們正在尋找共同創建地區的夥伴，無論你是策展人、家、創業家、經理人、學者科學家、導演、投資人、網紅、藝術家、工程師、信徒或是留白的人，都非常歡迎。」—摘自岡山縣西粟倉村代幣經濟 Nishi Awakura Coin。

日本岡山縣西粟倉村政府有 95% 的森林面積，人口約 1500 人，在「平成大合併」時，村落一直被討論是否應與周遭的地方政府合併，但最後選擇自立。2008 年起積極推動地方活性化政策，包括林業「六次產業化」、支援移居者創業的「地方創業投資學校」。這樣小規模的地方政府，為了確保有新的優先投資財源，讓地方有永續的未來，因此西粟倉村將成為第一個決定發展地方創生首次代幣眾籌 ICO（Initial Coin Offering）地方政府，希望創造出多樣性活絡地方經濟的手段，共同打造「最好的地方」。

烏龍派出所漫畫有一集談到商店街發行商品券的故事，一張商品券要用三小時的勞務換取，持商品券可以買到當地特有市價 10000 元的產品，但是會有不想付出勞務的人，於是直接用 12000 元跟他買一張商品券，發行商賣出券後。發現商品券的價值其實是比當時預設的 10000 元還要高 2000，而這 2000 就變成是所謂的有利可圖。

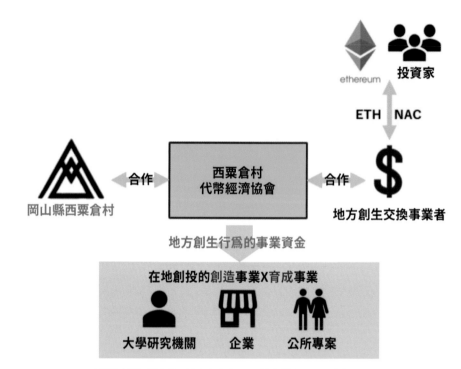

↑圖片來源：日本初、地方自治体による地方創生 ICO の実施を決定。

　　由民間事業成立西粟倉村代幣經濟協會（一般社団法人西粟倉村トークンエコノミー協会），並等待日本修訂《支付服務法》（資金決済法），以及 2018 年 4 月成立的一般社團法人日本虛擬貨幣交易事業者協會（Japan Cryptocurrency Business Association）制定 ICO 相關自律規則後，才會開始營運。預計應用區塊鏈技術，發行投資者對價的虛擬貨幣 Nishi Awakura Coin（以下稱 NAC），讓對永續地方發展投資有興趣的人，購買代幣投資地方建設，代幣經濟（Token Economy），並給予 NAC 持有人投票權，合作創造虛擬貨幣經濟循環圈。

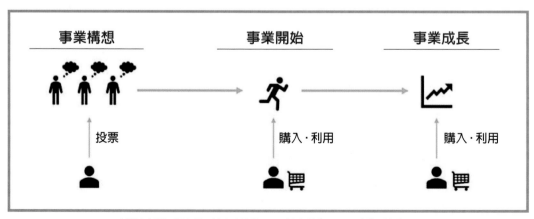

↑圖片來源：日本初、地方自治体による地方創生 ICO の実施を決定。

在這過程中，投資者會有漲跌的期待心理，當西粟倉村的投資都是用 NAC 貨幣，在開發當地的觀光且成功發展後，西粟倉村的特產或特有資源在市場上需求增高，但是契約上這個西粟倉村的資源只能用 NAC 幣買，此時外界的需求大於供給，於是 NAC 的價格就會上漲，形成投資代幣驅動建設發展的結果。這樣的做法中，最重要的就是 NAC 代幣一開始的價格要完全保密，也就得利用了區塊鏈下一代加密貨幣與去中心化應用。

若一開始的價格公開的話，發行商可能會因為代幣有利可圖而大量製造，最後變成通貨膨脹，甚至廢幣。烏龍派出所漫畫有一集談到商店街發行商品券的故事，一張商品券要用三小時的勞務換取，持商品券可以買到當地特有市價 10000 元的產品，但是會有不想付出勞務的人，於是直接用 12000 元跟他買一張商品券，發行商賣出券後。發現商品券的價值其實是比當時預設的 10000 元還要高 2000，而這 2000 就變成是所謂的有利可圖，接著當大量發行之後商品券的價值跌落到 9000，於是連最初產品的成本都付不起，最後只好將商品券作廢。因此，控制的方法就是控制源頭的數量跟成本，這樣價格才可以正常的浮動。

除了地方創生 ICO 應用外，現在日本也有區塊鏈公司成立一般財團法人日本地方創生 ICO 支援機構（The Japan Regional Revitalization ICO Support System、JARICOS），讓投資地方政府符合聯合國永續發展目標（SDGs）的項目，則便可以實踐「可評價的經濟社會」讓社會價值被看到，如同《日本再興戰略》一書中，落和洋一提出地方政府透過施行地方 ICO，脫離中央集權，並積極展開自主金融投資行為，讓每個「偏鄉」都能找到自己的價值。

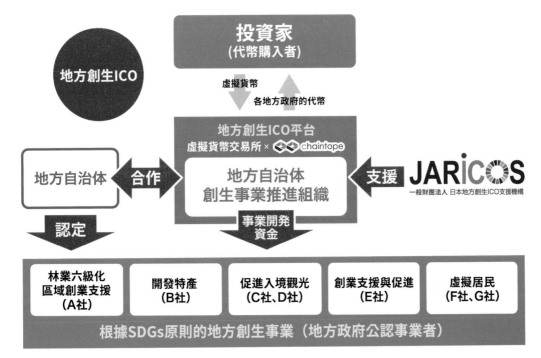

↑圖片來源：一般財団法人 日本地方創生 ICO 支援機構。

在西粟倉村除了「社會價值幣值化」之外，在提案地方創生計畫的需求盤點過程中，他們的永續村落官民合作模式也值得學習。首先，先列出地方創生的基本目標，有元氣的城鎮、工作與人才，對內讓居民更幸福，對外吸引更多移居者定居。

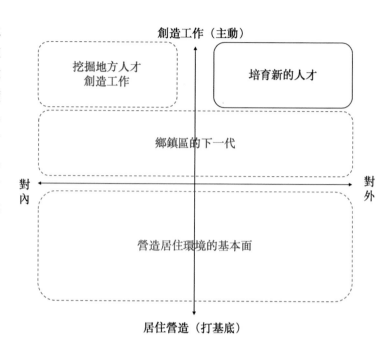

接著列出村落現有的政策、企業與人才培育系統後，提出「自己的人才自己培養」的相關永續計畫，便能提前因應未來村落在每一個不同發展階段時所面臨的挑戰。

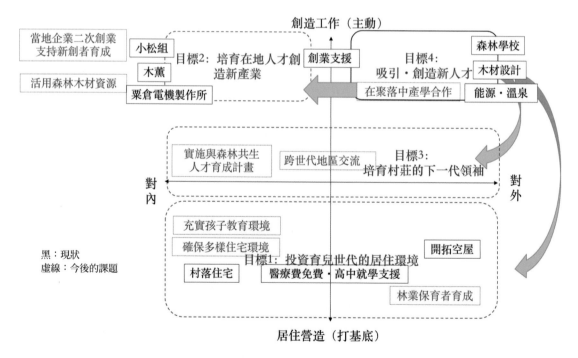

↑永續村落官民生態系。資料來源：西粟倉村百年の森林構想まち・ひと・しごと創生総合戦略。

找尋永續觀光哲學：
長野縣小布施町社造、觀光哲學與地方創生

你認為你居住的街道是什麼樣的街道？你想住在怎麼樣的城市裡？你都用什麼樣的「視角」在旅遊？你認為小布施町這短短幾公里的街區，讓你感受什麼樣的氛圍？一個人口 1.07 萬人的地方，如何實踐地方創生。來看看小布施町獨有的觀光「觀點」與地方創生戰略。

小布施町政府的地方創生戰略

小布施町的地方活化分為兩個時期，第一時期是 1970 年代，由於日本浮世繪大師葛飾北齋，晚年在小布施町完成多幅巨作，1976 年便成立了北齋館，並進行修景計畫，讓居民、店舖經營者都有同一個新的有個性的建築外觀。第二個時期是 2000 年，居民、企業家、專門大學機構，以及町外的企業，一起交流實踐「町民力」，組成「地方未來營造會議」，以及邀請日本各地對小布施有興趣的人展開「小布施町青年會議」，固定時間交流並討論未來第三個時期，十年後、二十年後的小布施町會變成什麼樣的地方，把握住小布施原有特色和至今的發展脈絡，在探索地方經濟的同時，共同討論—要如何面對近在眼前高齡少子化的危機，如何吸引更多年輕人，創造更多地方工作，共創新的價值觀。

在小布施的社區、人、工作創生（地方創生）戰略中，地方政府透過人口普查及居民未來展望調查，了解居民對於未來政府施政的想法，從數據中分析了自己強項（魅力）與弱點（課題），並提出因應對策。

日本很多地方景點，真的是去過之後，你就能理解真的有「地方」會使你萌生「好想再去一次呀」的念頭。遊時除了當地名所踩點、名物試吃以及地酒、地啤酒（當地產的日本酒）之外，不妨走走主要商店街道、逛逛白天的魚市場、探訪夜晚的橫丁，在 Tabelog 上查找當地人推薦的美食，最後買一個你覺得有魅力的土產。

1. 結婚、子女生育、養育的環境：
支援養育子女讓女性持續活躍生活

目前的強項是町內的課外及放學後的學習資源充實，政府積極推動海外留學生與地方中學生的夏季交流學校，且提供給未就學的兒童與家長的 Angel Land 交流中心評價高。然而，町內也有出生率比長野縣的平均低、鄰近地區的小兒科、婦產科醫生不足、未滿三歲的兒童保育家庭需求高等問題。因此針對生兒養育的目標是育兒環境滿足程度從 79.1% 成長到 85%、5 年後的出生率 1.39 成長到 1.5。

具體政策與 5 年內的目標：
☐ 核定育兒園與幼稚園合作，讓幼稚園也能收未滿三歲兒童，達到零待機兒童的目標。
☐ 推動 Angel Land 育兒據點交流，提高登錄服務的人數。
☐ 第三胎享有六歲前每年生日商品券，提高多子家庭數。
☐ 推動婚姻支援活動以及定居房租補助，提高婚姻顧問成功率。
☐ 充實教育環境，辦理暑期國際交流活動，讓國內外大學生高中生與町內的國小國中高中生交流，促進多元的價值思考。

2. 安心的居住環境：
讓中高年齡層活躍人生

小布施町目前的強項為 2002 年成立的失智症預防教室，以及町內中高齡居民投入觀光志工者多。然而也遇到獨居的高齡者人數多、醫療費用與照護費用增加的課題。因此設定的改善目標為－延長平均壽命男為 80.6 歲，女為 87.7 歲，而需要照護前的健康壽命，則希望能夠比現在的男 65.4 歲女 67.5 歲要再延長 1 歲。

具體政策與 5 年內的目標：
☐ 創造長期照護連續照護退休社區（Continuing Care Retirement Community, CCRC）在共同工作空間中設置中高年咖啡及交流空間、提供中高齡需求型的移動支援，以及創設町內可用的商品券交換等點數制度。
☐ 推動健走社區，預防發生運動過度換氣症候群。

3. 創造工作：
支援創業與振興產業，創造僱用

小布施町近三年內新的農業工作者已增加 15 人，且對於新的從農者皆有住宅補助，然而小布施町的政策推動者認為，應提供的不只是補助金支援而已，而是必須同時提供充實的研修課程，甚至協助拓展通路、共享農具機；另外，為了提升有機農業、多品種農業的法人化與農業附加價值，應積極提出相關支援體制。希望五年後新創僱用人數年達 30 人，新的從農者 2 人。

具體政策與 5 年內的目標：
☐ 擴大企業接班人諮詢服務，提高小布施商工會的加盟企業數。
☐ 創造以文化與健康為主軸的產業，擴大新產業交流的據點，並提高參加交流活動、課程、示範導覽的人數。
☐ 為減輕新從農者的經濟負擔，將檢討共享農具機制度。
☐ 已成為日本的納帕郡（Napa County, California）為構想，結合農業與地方營造，

做無障礙觀光農園，提供建立直銷所、農村餐廳、農食材甜點開發、高齡及無障礙設備的支援協助。

4. 人的交流：
創造交流人口從中吸引定居人口

目前小布施町一年的訪問交流人口維持在100萬人，町內也有針對年輕人新的運動需求，擴建扁帶、攀岩抱石、滑雪練習場等運動設施，讓縣內外的人都能使用。然而，在居住面的課題上，町內無法立即讓人找到能居住的地方。因此，町必須成立相關自治會，行政或非營利組織應推動促進定居政策，包括空屋租借配對服務，以及空屋活用、移住相關資訊手冊。希望促進移居支援組織成長，並增加定居人數。

具體政策與 5 年內的目標：
□ 與學界合作研究調查分析，在町內改建空屋作為示範案例每年 1 件，吸引首都圈移居，至少 10 個家庭。
□ 設置定居協調中心，提供移居資訊，舉辦移住咖啡館、移居試居體驗活動。
□ 檢討土地規劃，調整市街區域、住宅建築與農村聚落周邊土地，實施個別商談，讓土地達到最有效利用。
□ 鼓勵東京圈的創業家能在町內設置分區辦公室（Satellite Office），希望有不同跨領域的交流研修，在町內與金融機關支援，創造新的僱用、群眾募資等創業活動。
□ 開辦創業研討會，加速招募想創業的人、檢討空屋店舖政策以及活化提案。
□ 推動町內 130 戶開放庭園的家庭皆有 WI-FI 服務，讓旅客能隨時享受網路資訊的便利性，每年增加 5% 交流人口。

5. 建立讓人興奮的環境魅力：
讓人住得開心

小布施町透過「訂定小布施町人口願景綜合戰略問卷調查」中，盤點居民意見，其中「喜愛小布施且以町為榮」的居民比率高達87.6%，而對町來說，新的挑戰是將町特有的習俗文化特色盡可能融入新政策中，同時加強媒體宣傳能力，除此之外，針對町內人氣很高的町立圖書館及綜合公園，增強其讓人交流的功能。目標為五年後再次實施問卷調查時，住民的居住滿足度以及町黏著度達 90%。

具體政策與 5 年內的目標：
□ 透過打造特色運動和藝術設施，提升居民和企業的發想力及健康活力。
□ 設置新創中心作為解決町內問題的創新樞紐（HUB），討論以文化與健康為主軸的新創產業、檢討空屋以及自然能源事業化等對策。
□ 活用空屋，設置共同工作空間（Co-working Space），連動新創中心，共同合作社會創新活動。
□ 完善小布施公共交通，把握各年齡層交通需求，盤點町外通勤交通路線。
□ 完善國道 403 號以及周邊農道，改善道路沿途景觀，並推動中心町內電線地下化。
□ 地方魅力宣傳及關鍵字行銷戰略計劃，改善小布施町的 Google 室內外街景內容，上傳耐震建築、傳統文化活動、改建的公會堂等特色內容。
□ 活用水力發電與木材生質能源發電。

觀光哲學與觀光三要素：
「吃栗子餐」、「看北齋美術館」、「買栗子和菓子」

　　起初，小布施町有栗子和菓子店、栗子餐廳，讓前來觀光的旅人能購買伴手禮，並在町內用餐，除此之外，由於日本浮世繪大師葛飾北齋，晚年在小布施町完成多幅巨作，1976年小布施町便成立了北齋館，使當地已經有幾個推動觀光的要素。

主要有三間較為知名的栗子店，彼此競爭成長，分別為小布施堂、竹風堂、櫻井甘精堂。

→小布施街道以栗子店為中心，同時使用
　栗子木鋪設行人步道

↓小布施堂主打百年「高級感老店」，
　同時經營古民宅旅店。

→↓竹風堂主打不用太多複雜烹
調的栗子套餐與甜點，重視
出餐速度，在餐廳附近也開
了間栗子霜淇淋店。

↑←櫻井甘精堂則是主打給
「當地人」享用的現烤
栗子饅頭與高級栗子套
餐，讓山城長野縣的居
民，能在縣內觀光行程
中享用海鮮炸天婦羅。

↑↓→ 另外還有一間風味堂的栗子舖則是與插畫家共同創
作妝點栗子咖啡店佈置，甚至發展了本店的專用停
車場，讓旅客可以有周遊小布施町「套裝行程」。

在小布施町，看不到如扇子、筷子等在全國日本老街都能看到的「紀念品」，頂多販賣長野縣信州特產品，如此一來，旅客便能慢慢感受到小布施不同於其他觀光景點的特色，以及它努力想要營造的氛圍。若有外來公司想要開連鎖店，町長、觀光協會與居民也會與公司協調，希望招牌與店舖設計能融入當地。

例如：小布施遊客中心、郵局、圖書館、當地酒造廠（桝一市村酒造場）、火鍋拉麵店、美容沙龍、美髮設計店舖，皆能感受到小布施町整體獨特一致性。

↑ 遊客中心，右方貼著小布施馬拉松的海報。

←↑小布施町圖書館,館內不得拍攝,詳情請見網站。

小布施町中許多居民都會開放自己的庭園，
甚至在庭園中放置啤酒供給器，讓旅人享受
在民家庭院喝一杯的體驗。

下次到日本，不妨來個「地方創生」之旅

日本很多地方景點，真的是去過之後，你就能理解真的有「地方」會使你萌生「好想再去一次呀」的念頭。旅行前稍微看一下維基百科、查一下一日遊的行程推薦；旅遊時除了當地名所踩點、名物試吃以及地酒、地啤酒（當地產的日本酒）之外，不妨走走主要商店街道、逛逛白天的魚市場、探訪夜晚的橫丁，在 Tabelog 上查找當地人推薦的美食，最後買一個你覺得有魅力的土產。

而若要來趟地方創生之旅，有十大看點：

1）首先，看「線上與線下」旅遊資源交通指示是否清楚、旅遊手冊情報是否有多國語言，以及交通網絡舒適度。

2）是否有無限網路讓旅人能隨時取得資訊，以及能否提供手機充電。

3）地方的公園、圖書館等公共設施是否讓人親近，是否有特色的慶典等季節性活動、歷史地理等美術、博物館，讓你在短時間能理解居民的成長基因，甚至擁有「地方想像共同體」的歸屬感。

4）地方的公民會館是否會讓你想進去坐一坐，幼兒、親子、高齡多功能交流中心是否有人氣，推廣移居的廣告有沒有吸引力。

5）防災的廣告資訊以及防災中心是否有存在感，當地的大學與居民的關係是否交流密切。

6）青旅、民宿與旅館是否能在網路上便於旅人預訂。

7）商店街是否有特色，創業支援中心是否有足夠的資源，當地有無新聞、文化傳播的據點。

8）是否有觀光的摩擦力讓你覺得「很難玩」，例如：語言、景點路線標示、網路資訊、交通。

9）你是否能感受到地方帶給你願景的力量。

10）最後，再訪率有多高，你是否成為當地的「交流人口」，甚至感覺那樣的環境，讓你想成為當地的居民。

※ 本篇感謝小布施町觀光協會櫻井昌季會長導覽與分享。

地方創生是找回人與人關係、找回土地自信賦權的過程。

找尋出生的感動：
地方創生先進案例，
北海道寫真甲子園—東川町

地方創生和社區營造有什麼不同？從日本政府不斷檢討修正政策的結果論來看，投入的資源有多少是真的讓我們居住的街區，有著更好的醫療、交通、防災和開放的交流，人們開始想要搬進來，或是人們不再搬出去，那麼只要是有達成這樣的大目標，社區營造的基底環境若是好，那麼地方也就生生不息。

日本北海道可說是地方創生重鎮，在北海道開拓的 150 年中，如何面對市町村人口減少的議題呢？北海道的地方創生規劃，是由北海道綜合政策部地域創生局地域戰略課負責，提出全道的「北海道生活」、「亞洲的北海道」以及「北海道資源好循環自律圈」等規劃，若與市町村的提案相比，前者以俯瞰的視角提出未來展望，後者則是細緻地爬梳地方特色與在地數據。而這當中作法相似的是，當城市有了品牌後，透過觀光與國際行銷途徑，便能不斷檢視內在體質，接著聚焦在交通、中小企業產業、人才支援面，才有辦法不斷往下一個北海道 150 年前進。

除了戰略規劃之外，也從行政體制面下手，訂定北海道創生協議會設置綱要、地方創生推動計畫補助金、地方創生據點擴充補助金。申請過的地方創生計畫包括在產業面：「北海道內外年輕人、女性」的創就業及工作方法改革支援計畫、地方中小企業繼承和經營體質強化支援（北海道小規模企業振興條例）、北海道海外市場開拓行銷計畫、新世代跨領域農林水產創新計畫、農產食品海外出口行銷等計畫。觀光面：強化北海道觀光 DMO、新幹線觀光交通與 DMO 網絡擴充計畫、海山川身障者觀光計畫、古民宅歷史文化資源活用觀光計畫。移居生活面：在東京的北海道移住體驗服務窗口、促進札幌圈青年定居計畫、東京首都特別區與北海道釧路交流計畫。文化面：西蝦夷 300 年新交流

若說日本地方創生概念中，最重要的莫過於「關係人口」一詞，所謂「關係人口」，指的並非移居的「定居人口」，也不是來觀光的「交流人口」，而是指與地區有關聯的人。由於人口減少和高齡化，在地方的圈子中，往往面臨推動地方營造人才不足的問題，因此，那些進入地方「能帶來改變、地區以外的人」，即稱為「關係人口」。

時代創造計畫、北海道 HOKKADO 品牌海外推動計畫、阿伊努族文化交流計畫。這是都道府縣規模的計畫提案。而市町村規模的提案,則以談到日本地方創生的案例,第一個一定推薦的東川町為例。

在拜訪北海道東川町時,其交流促進課課長表示「我本身是在地人,大學到外地唸書後回來東川町,我希望可以為我的孩子努力,打造我們想要的生活環境。」可以說地方創生是淡化了政黨惡鬥問題,公務員們為了自己的家鄉一起努力,為自己的家鄉為自己努力。

北海道東川町,位於北海道旭川機場旁,面積與台灣竹山鎮相同 247 平方公里,擁有 3,879 個家庭 8,328 人口,是日本最大的自然

↑ 圖片來源:寫真之町─東川町役場網站。

公園「大雪山國立公園」區域的一部分，而被譽為北海道最高峰的旭岳（2,291m）便是位於東川町境內。有兩個國際姊妹都市：加拿大的坎莫爾鎮、拉脫維亞的魯伊耶納，以及一個文化交流合作都市：韓國的寧越郡。在人口漸少的時代，他用其發展價值，20年內吸引14%移居人口。

首先，從人口數來看東川町，1950年的東川町有10,754人，1993年減少到7,000人。面對少子高齡化社會，1985年日本推出應對的「一村一品」政策，和多數地方政府不同，並非只專注於單純的「物品」和「事務」投資，而是選擇走了不同的路，發表了「寫真之町宣言」，希望以此宣言作為社區營造的核心。

其寫真文化首都宣言寫道：「我們宣布成為在『自然』與『人』、『人』與『文化』、『人』與『人』的交流之中誕生感動的『寫真之町』，一直致力於通過攝影文化建設擁有魅力與活力之町。30年來為『攝影文化』所做的貢獻是我們町民最大的驕傲。我們的宗旨是希望通過『攝影文化』能夠『在這個小小的町裡與全世界的照片相遇，在這個小小的町裡與全世界的朋友交流，在這個小小的町裡洋溢著全世界的笑容』。

『甘甜之水』、『清新的空氣』、『富饒的大地』，東川町擁有令人自豪的優美環境，以30年來『攝影文化』的發展積累以及地方力量為基礎，值此開拓120年之際，我們旨在未來將東川建設成為人口密度均衡發展之町，決心成為重視心靈『記錄、留存、傳承』的攝影文化中心，通過攝影將世界各地的人們聯繫在一起，在此發出『寫真文化首都』宣言。」

東川町對社區營造的看法，一直秉持追求「人與人之間的連結」，因此在此宣言之下，東川町開設了日語教育學校，希望招收海外留學生，透過國際跨文化交流

↑ 圖片來源：寫真之町東川町役場網站。

讓「東川町粉」增加，讓前來東川町消費的人增加，便能活絡地方經濟。從1994年以來，舉辦「寫真甲子園」，讓人口逐年成長，近年不乏「樂齡族」移入，同時支援年輕朋友留下來創業，到2016年回升至8,166人，到2017年更達到了8,323人，可說是看到各項促進「地方經濟循環」以及「地方創生」的政策成效。

用地方創生資源打造「永續生涯活躍的社區營造計畫」：價值、官僚文化、大家的遠見是關鍵

2014年日本安倍內閣提出地方創生政策，其中補助金政策是由地方政府提出申請計畫，能分階段獲得推動的經費，東川町在計畫中寫到四大項目：

1. 推動照護服務證照，創造讓高齡者安心生活的環境，內容包括招聘東川町立日語學校的招生承辦單位、舉辦海外招生說明會、營運日語學校、社會福利專門學校考照支援。
2. 導入設計思維培育高品質的家具生產人才，建構歐風家具設計檔案，並開設設計學校。
3. 舉辦以文化藝術活動為核心的活動，製作相關電影、打造支援創作的據點，以及活躍老人(アクティブシニア)的設施。
4. 製作促進住民健康的專案計畫。

東川町起初在提計畫時，認為除了以「寫真文化之都」為主題之外，也能以高品質的旭川家具與世界溝通交流，透過國內外文化展演、工作坊、展示等活動，讓來町內的觀光人口增加，也促進了喜歡東川、能投資東川的「東川粉絲」，成為町內發展重要的「關係人口」。同時所有行動的「價值準則」必須契合東川的發展文化。換言之將在地特色具象化、國際化以及教育化，是在推動每項計畫時的核心精神。

此外，東川町公所的官僚文化，在松岡市郎町長的帶領下，有一條規則是，不能說出以下三個沒有：「沒有預算、沒有前例，以及其他人沒有做」，另外，社區營造不是用說的，而是要實踐。所有公務人員必須跳脫出被動的行政姿態，主動積極向中央爭取資源和補助金，甚至向企業爭取資源，並將「課」組織下的「係」，改為「室」，強化對外交涉能力，醞釀以官僚作為志業的榮譽感。在訪談過程中，會很明顯地感受到交流促進課課長的熱忱，甚至在拜會町長時，他問的第一句話是想要了解我是拿什麼樣的獎學金前來日本的，由此可見公所的每一位同仁都積極想要向外連結更多資源。

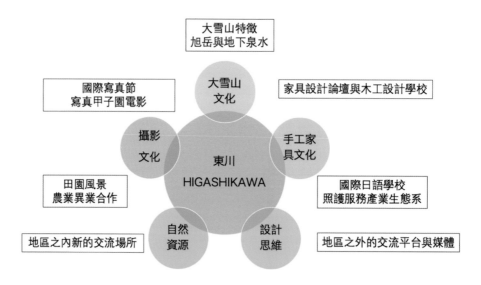

↑ 東川町價值文化示意圖。

在規劃地方創生企劃時，首先由松岡市郎町長展現其領導力，將公所組織以進行彈性化「任務編組」，在這跨部門的組織內，不會聽到任何人士抱怨工作量增加，也非將工作委外，而是組織成員全心全意推動專案，同時讓所有人在網路工具上「共有行事曆」，隨時掌握開會行程與政策施政情形，共同推動「我們的事」、「把每一件事情當成是自己的事」。

不只如此，町內的國際交流十分豐富，讓公務人員有機會到海外考察、到企業研習，刺激出跨領域、跨文化的提案能力。此外，相較於一般地方政府每4到5年輪調一次，東川町公務人員是2至3年輪調一次，希望培養每一個人的即戰力，因此較不會發生一直依賴特定承辦人的情況，承辦人都應像是超級「政策業務」，每一件案子的工程計劃，都必須融

入東川町價值與文化，同時考慮 5 年 10 年後的需求，例如：前來町內學習社會福利專業的人畢業後，能不能留下來工作，此時政策企劃時，應提早佈局大規模的照護住宅建設，以及以活躍老人為客群的照顧設備，建構照護醫療產業的生態系。

在計劃實施的過程中，東川町也歷經很多「經驗談」，像是如何維持經營一個社會福利專門學校，光靠日本學生是不夠的，必須善用日本與各國簽訂的經濟合作協定（EPA），培育外國人才，因此，町內便設立了日本第一間以廢校改造的公立日語學校。學校講師和承辦人則善用活躍於地方的長輩，像是退休教師、茶道花道書道等地方專家。學校講師也都需經過資格研修，讓師資維持一定水準的品質。

對東川町的居民來說，從 1994 年舉辦「寫真甲子園」以來，便一直與國內外高中生一起參與，像是寄宿家庭、國際攝影節、國際工作坊等活動，甚至町總動員，讓居民一同參與「寫真甲子園」的電影拍攝。東川町住民在這些「與町外訪客」交流過程中，會漸漸透過「外來人的視野」、「國內外媒體的視角」交織建構出讓居民自豪的榮譽感，發展出更有向心力的居民意識。

東川魅力、東川風格也漸漸吸引了移居者，他們打造個性咖啡店、餐酒館、風格選物等事業，希望能跟東川町一樣，有自信地活出自我的生活。然而，計畫也有遇到困難之處，例如：日語學校招生的人數比原先預期的還踴躍，讓前來觀光的人也大幅增加，但相對的東川町的學生宿舍及旅宿不足。再者，未來在執行地方創生相關計畫，像是製作影片、音樂等文化活動時，應加強培育、善用當地人的制度，讓文化的根深植地方。

● **主要的關鍵績效指標（KPI, Key Performance Indicator）設定邏輯圖：**

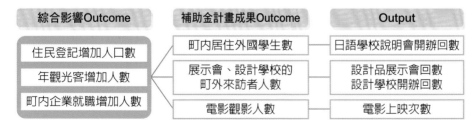

綜合影響Outcome	補助金計畫成果Outcome	Output
住民登記增加人口數	町內居住外國學生數	日語學校說明會開辦回數
年觀光客增加人數	展示會、設計學校的町外來訪者人數	設計品展示會回數 設計學校開辦回數
町內企業就職增加人數	電影觀影人數	電影上映次數

↑資料來源：平成 30 年 4 月內閣府地方創生推進事務局《地方創生關係交付金的活用事例集》p.60。

●地方創生打底工程，東川町公所行政組織表：

單　　位	組　　織	主要的職務內容
企劃總務課	總務室	庶務、資訊管理、廳舍維護管理、職員薪俸、職員進修、公務員工福利、公務人員災害補償、町有財產管理、交通安全、刑事政策、社區活動
	寫真文化首都創生室	重要施政、防災、土地利用計劃、IT推動、東川町股東制度、預算、決算、基金、補助金、經營管理、宣傳、町史編纂、各類統計
	選舉管理委員會	各種選舉
交流促進課	交流推動室	國際與國內交流、姐妹市交流、人才與物產交流、高中生國際交流寫真節
	日語學校	日語學校、留學生支援
保健福利課	社會福利室	兒童與單親福利、自立支援給付、醫療補助、民生兒童委員、生活福利、高齡福利、身障者諮詢與支援，社區整體照護制度
	保健指導室	幼兒健檢、疫苗接種、健康教室、健康諮詢與家庭訪問
稅務課	課稅室	町稅課稅（住民稅、固定資產稅、輕自動車稅、法人町民稅）
	收納室	稅、公共費用的繳納窗口
會計課	會計室	公共資金的計算
寫真之町課	寫真之町推進室	頒發寫真之町東川賞、國際寫真節、舉辦寫真甲子園等活絡地方之計劃
	文化藝廊	展示寫真藝術作品
定住促進課	住民室	戶籍、住民登錄、印鑑登錄、護照、住民證、國民健康保險、看護保險、後高齡者醫療、國民年金、總和諮詢窗口、處理垃圾廢棄物、蓄犬登錄、墓地
	居住室	移住定居、公共住宅、下水道、淨化槽、住宅資訊
	土地開發公社	公有地取得、建造與分售住宅用地
產業振興課	農林振興室	生產協調、中山間地域、農業從業者認證、農林行政綜合協調、農業振興、林業振興、町有林與綠化計劃、鳥獸保護、振興地方物產
	農地與地目事務所	緊急國營農地擴張再編、地目調查
	商工觀光振興室	振興商工業、街道活化、勞動政策、企業招商、開發與擴張觀光資源、觀光設施宣傳、遊客中心、充實大雪山國立公園與森林公園的環境與保全、環境行政綜合
都市建設課	建設室	特定開發專案、美的風景營造開發與景觀計劃、完善道路橋樑、土木設施與災害復興、整備農村、公共設施建設、建築執照申請、建設循環、上下水道、公園廣場及住宅地都市整備
公共設施服務課	公共設施管理室	公共設施維護管理、公共工程招標、飲水供給設施分擔金、下水道分擔金、道路使用許可、排水設備工程指定事業與責任者登錄、校車營運管理、除雪、道路公園及河川維護
町立診療所		患者診療、町立診療所的庶務與會計
教育委員會學校教育課	學校教育推動室	教育委員會議、教育委員會規則制定、教職員服務、學及編纂、學校營養午餐、學校設施管理、教職員住宿
生涯學習推動課	生涯學習推動教室	生涯學習、文化藝術、體育祭、成人季
B&G海洋中心		振興體育與運動
公民館		推動公民館活動、設施
文化交流館		圖書與影片出借
學童保育中心		學童保育
地區交流中心		場地租借與年度活動用地
孩子未來課	育兒支援推動室	幼兒保育、教育業務、學童保育、幼兒中心、育兒支援中心、學童保育中心設施管理
議會事務局		議會準備、議員報酬、會議及委員會陳情、議事錄
農業委員會事務局		農地諮詢、農地轉型申請、農民年金申請
大雪地區廣域		東神樂町、美瑛町、東川町共同區域行政事務（照護保險、國民健康保險與後高齡者醫療）
大雪消防隊東消防署		火災、救災應對預防及團員訓練

↑資料來源：寫真之町—東川町役場網站。

地方創生關係人口—品牌、投資制度與「你的椅子（君の椅子）」計劃

而東川町的案例也促發日本關係人口計劃，由於人口減少和高齡化，在地方的圈子中，往往面臨推動地方營造人才不足的問題，因此，那些進入地方「能帶來改變、地區以外的人」，即稱為「關係人口」。東川町推動多項獨特的町民計畫，吸引增加關係人口與移居人口。

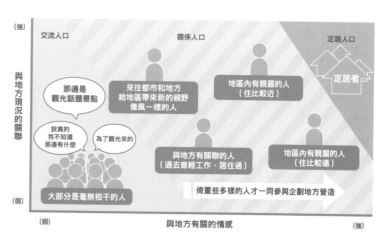

↑ 關係人口示意圖。
資料來源：日本總務省，地域への新しい入り口『関係人口』ポータルサイト。

1. 推動股東制度，投資東川町

以「股」為象徵社會貢獻單位，1股1000日圓，最低投資2股頒發股東證明卡，另外也發行能累積點數的HUC股東卡，能於町內百餘家商店使用，持卡可享公共設施、特約店家優待，町內的日語留學生獎學金便是存在這卡中，留學生憑卡消費，使金流最終還是能留在町內。另外投資10股以上即贈東川町特產品。這樣的制度也適用「故鄉納稅」捐款可抵居民地方稅，町外民眾認股東川町，則贈送「東川町特別町民」認定證。

↑→ 圖片來源：寫真之町北海道上川郡東川町—東川町役場網站。

2. 東川町 Style 品牌設計

東川町活用企業識別系統CIS, Corporate Identity System 概念，規劃製作的標準化、規格化、組織化和系統化的整套經營理念、促銷戰略和視覺傳達設計大幅提升城鎮形象，增強「寫真之都」的識別性，希望增加異業合作、當地企業走出去的可能性。

↑ 圖片來源：寫真之町北海道上川郡東川町—東川町役場網站。

東川町的LOGO表現出「寫真之町」的意涵。「P」的旗幟登頂，象徵Photograph的「P」。希望東川町能如同旗子隨風飄揚，邁向未來。另外，水藍色的識別是以女性為主要宣傳客群，希望能吸引更多女性前來東川町。在LOGO的使用上，不論是町的網站、公務人員名片、日語學校、行政文件、政策廣告等文宣，皆不斷出現東川町的LOGO，連公務員在電話應對上，也都會以「您好，這裡是寫真之都東川町」為開頭語。

　　還不只識別符號而已，東川町也將其經驗編輯成《東川模式（東川スタイル─人口 8000 人のまちが共創する未来の価値基準）》、《椅子》、《大雪山》等書，希望能傳承東川町的居民生活經驗談、治理理念與價值，甚至還推出東川客製米罐，以及股東限定的東川酒，讓東川町的品牌能以各式各樣的形式置入於大家的生活中。

↑←圖片來源：寫真之町北海道
上川郡東川町─東川町役場
網站。

↑→圖片來源：寫真之町北海道上川郡東川町─東川町役場網站。

3. 推動「你的椅子」計劃，發行町民專屬出
　生證明與結婚證書

　　「傳說在北海道某個人口稀少，出生率極低的偏遠小村裡，每當有小孩誕生，村裡的人就會在夜裡施放一發煙火，讓夜空裡短暫的璀璨花火，迎接新生命的到來，同時也向村民宣告這個好消息。」台灣知名的攝影師沈昭良曾這樣寫道。對東川町來說，新婚是町上喜事，孩子的降臨是大家共同的禮物，東川町民總能

被公所細心對待，除了贈送設計師款的結婚證書與出生證明之外，也贈送為新生兒訂做的「椅子」，每年邀請當地不同的木工家做設計，刻上孩子的出生年月日、姓名，世上獨一無二自己的椅子就誕生了。這也讓出生於東川町的人，在長大離開東川町後，發現這是東川町特有的文化，「自己不一樣」、「有獨一無二的位子」，從中萌生對家鄉的強烈認同感。

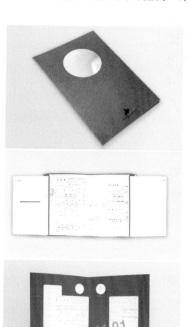

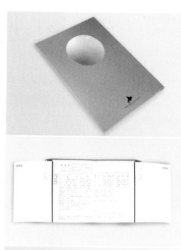

←↑ 圖片來源：寫真之町
　　北海道上川郡東川町
　　－東川町役場網站。

對內集眾人之力打造宜居之地

東川町地方創生成功因素，除了本身擁有豐富的軟硬體資源、建設之外，在人的面向上，官僚貼心的施政、嘗試創新的治理模式、將人留下來，與海內外的人、日語學習者交流作法與經驗。在平台與科技技術上，擁有注重使用者介面 UI（User Interface），以及 UX（User Experience）使用者體驗的入口網站，強調美學及便利，另外，町公所也有提供社群功能（LINE@、Instagram、Facebook），不但能讓市民權益一目了然，也讓外地人能一同參與和觀摩。最後，町的關係人也善於運用多重管道爭取資源，如此一來，關心東川町未來的「粉絲」們、終將為東川町打造為最適宜居之地。

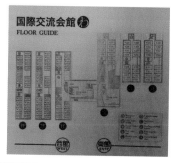  

※ 圖片為：東川町的多功能文化交流中心（圖書館、市民交流空間、設計品展示中心）、日語學校及國際交流會館宿舍、新建町立東川小學。

※ 本篇感謝北海道東川町松岡町長、東川町交流促進課藤井貴慎課長、菊地課長、高石室長、藤川室長、竹田先生、下込先生，接受訪談，並協助提供照片、資料與《東川スタイル—人口 8000 人のまちが共創する未来の価値基準》一書。

地方創生是該面對跨領域時代了，我們可以發揮創意提案，找很多社會上各行各業的人加入，一起打造我們想要住的地方，想要追求的生活。

成功與批判：
到周南市的人都可以成為一隻貓咪

日本大約每二十年就進行一次大規模的是町村合併，一次都是併上千個，周南市的前身是山市、新南陽市、熊毛町、鹿野町，於平成十七年（2005年）合併。合併後的城鎮多了預算，可以重新盤點與整合公共資源。這時市長做了許多嶄新的決策，在硬體面，改建車站前廣場、改建圖書館與車站共構由蔦屋書店管理，並引進星巴克咖啡、重建市公所的建築等工程。

由周南市的「南」字日文諧音象徵是貓咪的聲音，用水藍色設計藉此吸引女性與愛貓族群的目光，期待吸引更多人認識周南市，甚至進而搬到周南市。正如同品牌的口號寫著「每個人都能成為貓」，每個人都能柔軟地生活。

↑周南市德山車站圖書館共構。

←↑↓周南市德山車站前廣場改造與市民活動中心。

　　在軟體面，市長提出了周南市的城鎮品牌識別，由周南市的「南」字日文諧音象徵是貓咪的聲音，用水藍色設計藉此吸引女性與愛貓族群的目光，期待吸引更多人認識周南市，甚至進而搬到周南市。正如同品牌的口號寫著「每個人都能成為貓」，每個人都能柔軟地生活。

　　品牌的代言人皆由公所的年輕女性公務人員負責親自拍攝，並且開發周南市的紀念品，像是手機桌布、雨傘、胸針等小物。此

← ↑ ↓ 周南市公所部分完成之建築內部及施工中告示。

外，還授權識別系統給所有周南市的企業異業合作，像是宅急便設計了周南市專屬的郵件箱、在地發行限量的電動機車車牌，與便當店開發周南市意象的便當。市長再與我們參訪者交換名片時，「幸運」和「快樂」選一個，原因是周南市可以拆成「吉」「幸」的城市。同時公所委託外部公司建立一個品牌網站販售相關產品，也由公所同仁主辦了 Instagram 與 Facebook 社群軟體，按讚的粉絲人數高達十萬人，可說是日本其他地方政府望塵莫及。

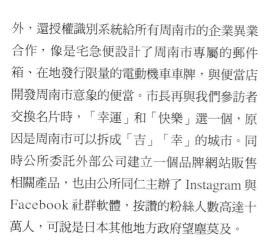

←周南市長的名片與城鎮
周邊紀念品。

「你要 happy 還是 Lucky 呢？」

　　在拜訪周南市的行程中，也與公所裡負責推動觀光及教育旅行的單位交流，翻閱周南市的觀光文宣手冊，希望能以外國人的視角給承辦的單位一些建議。甚至是對台灣的旅遊宣傳策略應該如何設定。很特別的是，周南市其實是兒玉源太郎的故鄉，在市中心還有紀念的神社，然而市長表示他很尊敬台灣的李登輝總統，也很喜愛台灣，顧慮到台灣人的情感，因此不希望對台灣的觀光宣傳重點擺在兒玉源太郎身上。市長細數著接下來要推動活絡商店街的業務，又有天外飛來一筆的新點子，讓我們同行的台灣人深感羨慕。

　　然而好景不常，時常有朋友問我日本地方創生的成功與失敗究竟是什麼？一年有百人移居是成功嗎？是投資商店街敵不過消費型態改變而成了日本蚊子館嗎？是周南市四年內市公所的自主財源增加了 120%，然而在 2019 年的地方選舉時，木村市長連任失利。這樣算是失敗嗎？在選舉期間，市民們一一檢討城鎮品牌的意義，實際上周南市沒有貓，看到貓咪意象不會想到周南市的其他特色，更重要的是，由於這樣的品牌意象主要客群是年輕人，所以排擠掉地方長輩的參與，年齡稍長的市民們沒有辦法接受太可愛的視覺，甚至有民眾認為這樣的山口縣周南市不是他的家鄉，無論是蔦屋風格的圖書館或是星巴克，並無在地居民的情感記憶。因此從選舉結果來看，城鎮行銷計畫所帶來年輕的願景，似乎並沒有得到多數在地長輩的認同。在面對選票時，地方創生的目標對象到底應該是誰呢？是新的人口抑或是特色產業帶來的新氣象呢？

———————————

※ 本篇感謝木村健一郎市長安排導覽與座談。

第 2 篇

你要如何回到地方

跨區跨域行政交流：
從 GRIPS 公務人員的短期進修課程，看「公務員社群」

「你是否曾經想過，自己社區旁邊的公共圖書館，怎麼一直無法加強硬體設施和藏書？」

「你是否曾經想過，鄰里中的公共托育和遊憩設施是否足夠？能不能更美觀？」

「你是否曾經想過，城市的廢棄空間該怎麼規劃更好的用途？」

「你是否想過要返鄉創業？或者是否想過大地震來的時候、大家應該怎麼面對？」

「你是否進去過地方公所善用公共服務？你繳交的稅金，到底有沒有產生價值？」

研修期間，在我的腦海中，時常自問著這無數個「問題」。而在這不斷發生的自問自答間，多如牛毛的思緒到最後，慢慢凝聚成為一個問題：

「我們到底能不能、又該如何地集體追求更好的公共服務？」全國各地的公務員，大家帶著各自關懷的公共問題，齊聚一堂學習。

半年的計畫中，由於我的師長高田教授負責學校的「地方Community 的政策創新能力（鏈結力）開發研修」課程，因此我也是很幸運地得以參加為期兩星期的研修。這場研習中，探討的主題是「地方發展」政策中的重要一環，參與的研修生許多來自中央和日本各地方的官員、公務員、非營利組織成員。大家都帶著相同的問題意識：「面對少子高齡化的社會，（日本）各地方要如何不因此衰弱？」

對日本如今的公務體系來說，所謂的「社群經營」，指的是在做政策行銷的同時，更重要的是檢視推動公共政策、公共議題所需的資源，是否能清楚地做「橫向」（各地方間）與垂直（地方與中央政府間）的串接，而後鏈結彼此資源——不重複、不浪費，甚至以社群的概念靈活地「任務編組」，以專案導向、跳脫既有建制的方式彼此合作，才能高效益且高效率地，交流未來可能遇到的問題和解方。

這個研修的特徵在於：能全盤對照學習「政策規劃」與「成功或失敗的案例」，並建立跨領域的公務人員社群來進行交流，練習全面制定政策的過程，與計畫資源的用法──參與者們也會把自己在地方上遇到的課題拿到平台上討論，集思廣益、能解決一個是一個，希望藉此建立強而有力的公共服務網絡。

換言之，參加這個研習不只可以讓你清楚認知到「中央政府的資源在哪裡？要如何取得資源？」也可以看到「在各地方、村落中，這一路上大家遇到的困境與解方又是什麼？」可以說是地方既「集思廣益」也順便「集體療傷」的共學平台。

地方創生公務人才育成與「即戰力」

在課程安排上，主要分為「由中央政府官員來講述的政策理論」；以及「由地方公務員分享的地方實踐案例」兩個部分。講題分類涵括了社區營造、地方經濟、移居定居、觀光交流、能源環境、社會福利以及教育公民館等。

第一堂課，先交流每一位學員的所屬單位和參與動機，並將學員分組，希望每一位學員認識彼此，知道自己為何而來，又將帶著什麼經驗回去地方：

「我是青森縣農林水產部綜合販賣戰略課戰略推動小組成員，負責經營農產品官方網頁，我會想要參加這個課程，是因為最近政府有很多農產外銷的補助政策，我想更了解應該如何運用資源，也希望青森縣農產能讓更多人知道。」

「我負責三重縣四日市觀光業務，舉辦例行性的祭典和腳踏車大會，很想知道還有什麼政策或計畫，能讓這些活動不只是放煙火式的熱鬧一陣而已。」

「我在埼玉縣川越市的市民稅課，負責公私協力業務，希望了解更多政策企劃方法及案例。」

「我來自靜岡縣濱松市賽馬協力中心，負責公民館改造以及社群經營，特別關注地方行政、產業、與地方金融對在地創業者的協助。」

「我是宮城縣宮城市公所的市民Community 社區營造推動室課長，我以為我做了 4 年後可以輪調到其他單位了，但是沒想到又被人事課派過來，大家一定知道第一線的社區業務不好做，只好再繼續努力，與各位交流新的 Community 方法。」

「我隸屬千葉縣千葉市都市局建築部住宅政策課，希望了解環境與地方創生的關係。」

「我是愛知縣豐田市保健部地域保健課，想要做出『看得到』的保健政策。」

「我考上公務人員 2 年，現在在熊本縣熊本市南區公所區民部總務企劃課。現在負責做公所的網站改版與 Facebook 粉絲專頁經營，想來學習做社群的能力。」

「我來自公益社團法人沖繩縣地域振興協會，我們每年有 1.2 億的經費，我負責舉辦高峰會。」

從每位參與的公務人員，五花八門但都十分「接地氣又實事求是」的自我介紹中，可以看出大家的內在學習動機，顯然不只是來自「長官指派」、「交差了事」，而是真的在面對某些業務時，需要更多與外接串連資源的平台，透過不斷在職學習，好面對未來社會的挑戰。

帶著社區的課題，到社群平台上共生共存

於每一天課後，參與者們並會以工作坊形式，練習「如何運用跨部會政策計畫資源」。課程的尾聲，則有一個「政策企劃提案會」，大家共同集思廣益，討論如何因應未來日本遇到的社區問題，其中都隱含著「防災」與「共好」思維，包括：高齡少子化下的社區營造、移居型社會的社區營造、跨世代的社區營造、都市社區營造等四大課題。

而討論的結果，並不會就此束之高閣：透過大學院大學的整理後，這些資訊都會成為日本總務省（近似於台灣的內政部）及相關單位制定政策時的重要參考。學員們也會將在這裡得到的資源，不論是學到的知識或認識的人脈，帶回地方，形成一個日本各地方政府共同專注社區、地方經濟振興，以及人口議題的共學社群。

公共議題的「社群經營」

今日社會，無論是關於公共議題的主張、推廣或討論交流；乃至各行各業中的商業模式，均越來越講求「社群經營」的能力——但所謂的社群經營，絕不只是成立臉書粉專或推特帳號，發發懶人包或搞笑貼圖賺點閱這麼簡單：

對日本如今的公務體系來說，所謂的「社群經營」，指的是在做政策行銷的同時，更重要的是檢視推動公共政策、公共議題所需的資源，是否能清楚地做「橫向」（各地方間）與垂直（地方與中央政府間）的串接，而後鏈結彼此資源——不重複、不浪費，甚至以社群的概念靈活地「任務編組」，以專案導向、跳脫既有建制的方式彼此合作，才能高效益且高效率地，交流未來可能遇到的問題和解方。

回頭看看台灣，現在眾人關於「公共議題」、「公共政策」的討論；公務體系目前的分工方式與文化，是否能讓台灣變得更好呢？

天的意義，地的努力，都是為了延續山海與祖先給我們的養育。

政策研究大學院大學2018地方Community的政策創新能力（鏈結力）開發研修				
	課程、學校導覽、自我介紹	說明報告課題、分組認識	人口減少與地方創生	Facilitation Skills Training（工作坊）	
第一週	震災復興與Community	創造地方力・地方再生／Community與振興地方ICT 總務省	地方福利／地方綜合照護 厚生勞動省	Community政策變遷與其制度	小組討論
	永續與地方Community	中小企業與商店街振興／地方創新／社會企業 經濟產業省	Community School／活用公民館 文部科學省	政策設計的要點與管理	小組討論
	社區營造與平台營造（組織和人才育成）	農村再生與活化／農業繼承與聚落農業 農林水產省	Compact City／Community交通活化據點與聚落 國土交通省	地方經濟發展與經濟理論	小組討論
	地方實踐案例：防災	地方實踐案例：社區營造	地方實踐案例：社群與經濟經營	小組課題討論 現狀分析、各部會施政的可能性	
第二週	地方實踐案例：社福	地方實踐案例：促進定居	小組課題研究	企畫案 發表技巧	課題研究
	地方實踐案例：觀光與交流	地方實踐案例：公民館	地方實踐案例：能源與環境	小組課題研究	
	小組課題研究	考察東京港區「ご近所ラボ新橋」「芝的家」多元社區交流中心			
	小組課題研究				
	小組發表		辯論與結論	結業式	

↑ 研修課程表。作者翻譯整理。

地方的創新種籽：
在東京首都看見地方—培育鄉鎮創意人才的「地域活性化中心」

在 GRIPS 計畫中，實習體驗占了很大一部分的比重。根據研修生不同的研究題目媒合到相關的單位實習－有人到福島縣觀光課、有人到橫濱電影資料館、也有人因為研究的是亞洲高等教育交流，就留在學校的國際交流室實習。

我實習的地點是位在東京日本橋站的一般財團法人地域活性化中心，近身體驗日本地方創生的前線執行單位，並近身訪談椎川忍理事長。實習項目包括了解地方公務員人才進修制度、參訪全國移居諮詢機構、參加人口與地方經濟循環研究室課程與地方創生大學人才講堂、參與群馬富岡紡織世界遺產地方創生實踐塾、參訪東京廢校活化玩具美術館，以及參與靜岡牧之原市地方政府人才育成簽約活動。

地域活性化中心由日本總務省、民間企業和地方政府出資成立，每年與地方政府簽約合作人才培育計畫，讓地方的公務員到東京來一至兩年，實際執行協助地方政府創新實踐的專案、國內外地方創生調查研究，學習鏈結海內外的人脈與資源，讓公務行政人才返鄉後能成為有跨領域能力的地方振興種子。

除了培育計畫之外，中心也出版刊物、舉辦地方行銷比賽、徵選市町村故鄉振興活動、補助地方節慶和運動類活動、串連東京的各縣市土產店、開辦人口與經濟研究智庫，以及分別舉辦週末、地方的實踐營隊，企圖串連起全日本跨世代、跨部會最有經驗的一群「地域活化傳道士」。更值得一提的是，由於中心的理事長是日本總務省「地域振興協力隊」之父，因此中心也肩負著承辦首都圈的移居、協力隊隊員諮詢窗口，一次將人才、支持系統、財政、還有經驗文化串在一起。

在 GRIPS 計畫中，實習體驗占了很大一部分的比重。根據大家不同的研究題目媒合到相關的單位實習－有人到福島縣觀光課、有人到橫濱電影資料館、也有人因為研究的是亞洲高等教育交流，就留在學校的國際交涉室實習。

理事長是退休公務員，平時假日喜歡探訪日本山林古道，也會不吝分享非常在地的日本祭典資訊，例如山形縣的小國町有一個獵熊祭典，古時候以獵熊象徵著成人，同時敬山祭祖。然而現今的社會已有保育的觀念，因此祭典也慢慢轉型。

理事長在他 36 年的公務人員生涯中，經歷了總務省的地方財政、消防、國際、地域力創造、地方事務以及自治體大學和內閣府的職務。在他的自我介紹中，我們可以看到一個公務人員的職涯，推動提出些什麼有益國家發展的計畫，包括他三十歲時（昭和 59 年），撰寫消防急救開發的報告書、導入急救業務的消防法修法、創立國際消防救助隊、派遣日本研究員到美國的 FEMA、擔任宮崎縣財政課長時將消費稅導入預算，考察如何推動「idea 計畫」。

進入平成年代，四十歲時，他擔任島根縣的總務部長，實施了「出前縣廳」（出前：外送）行動式偏鄉縣廳計畫、創設了島根縣立大學、推動策劃高度的資訊情報擴充計畫以及縣廳的資訊情報化。

在五十歲時，負責改革自治體大學，創設了新時代區域經營的課程以及碩士專門課程。也創設了定住自立圈的制度，以及地域振興協力隊制度。同時也在推動「綠的分權改革」政策。

在退休後的時光中，他擔任「投入地方公務員」的社群代表、也不斷和地方首長合作，倡議要支持地方公務員。擔任地域力早安俱樂部代表，推動官民合作的早晨讀書會等行動，不斷透過投稿學術期刊、出書、當顧問講師等行動支持地方發展，期許在成熟的日本社會中建構出活絡地方的知識智慧與人才培育。

現在他擔任「財團法人地域活性化中心」的理事長，積極與地方政府簽約做人才培育的合作，地方政府派遣公務員到東京一至兩年，學習跨領域的地方活化方法、同時在東京連結全日本的人脈網絡，並實際由公務員們主辦週末型研討會，以及到日本全國各地舉辦創生塾，讓首都與地方的距離不再遙遠、資訊不再破碎、人才不再缺乏，且每一位專員返回家鄉時，便是活化地方的一個領袖種籽。除了活動企劃與執行之外，活性化中心的組織分工如下：

●地域活性化中心組織圖。
圖表來源：地域活性化センター事業案內。

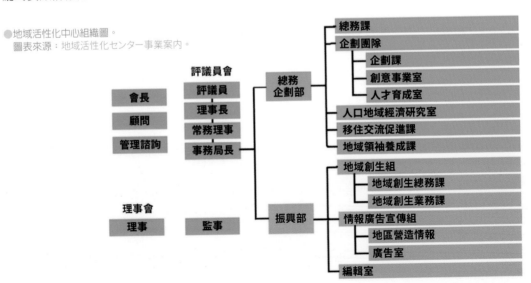

為了做而做？還是為了創造而做？無論如何就營造吧，創造吧！

「在日本常常會用到『營造』這個詞，他用假名寫「づくり」可以寫作創り或造り，例如器物製造、氛圍營造、場所營造、職場營造、甚至還有圍棋營造，這些在台灣多半是文化建設的意思，透過改造某些人事物，達到特定的目標。然而在日本，這些營造更多時候是代表著開放、可以被看見有感受的，以及人與人之間的聯繫。」這是我以一個外國人觀點看到的日本營造。

短短十天的實習時間，恰巧碰上了中心最熱鬧的一個月，舉辦有簽約儀式以及地方的創生實踐營隊。讓我深刻反省著，有時候任何活動的時間長短不是重點，重點是有什麼內容，時間長的實習著重見微知著，而時間短的實習講求直接帶你進入核心。

每天實習前要寫下看到很在意的事情，可以是台日的比較、也可以是用一個外來者的角度重新與中心對話，作為國際實習生，能有機會一次與超過三十個地方政府的公務員交流，可說是十分幸運。

第一天實習非常緊張，搭著東西線擠著電車到中心，實習的單位是人才育成室，同仁來自山梨縣、滋賀縣、山形縣、千葉縣以及愛媛縣，一開始先確認十天的實習內容、行程與各行程的注意事項，是否要調整？或是想要再多看些什麼？例如：廢校再生、或是活絡都市老社區的據點等等。這也意味著，行前的開會確認意圖非常重要。此外，我也被加入了中心的辦公室社群中，不是 LINE 也非

FACEBOOK，是一個叫做 Cyboz 的專案管理軟體，在上面大家公開各組的行事曆，各縣市的專案進度與注意事項、每日課程報名以及理事長的叮嚀，更好用的功能是有單獨聊天討論的區塊。

在聽完中心的業務後我寫下「人才育成的生態系是活絡地方最重要的關鍵點，政府如果能動員人脈以及善用活躍的地域協力隊員，大家互相幫忙，回應地方人口減少的問題核心，一起解決。」在同一天，我也參加了一年有約一百堂的人才養成課程，全方位培育中心的公務人員，有什麼方法能幫助大家更有效地與民眾溝通，「會話、談話和對話」的差別是什麼？必須坦言我此前壓根沒想過，能怎麼樣進行一場「細膩」的對話，能怎麼鋪陳、又如何撰寫名為溝通的腳本。

第二天跟著理事長和創意事業組到靜岡縣牧之原市簽訂人才育成協定，聆聽理事長分享：「如何從國家的地方創生進展到個人的地方創生」一題，負責經營地方的公務員們，大家是否有能力跨域垂直、橫向串連資源，彼此間提醒維持健康、確保財源，以及自立的社會知識，是否能夠有與居民合作的意識以及和新世代有數位能力的人合作的包容性。「若將地方創生作為一種生涯的學習，以解決問題作為驅動力、對行動負責、便能營造快樂又幸福的人生。」

在與牧之原市的晚宴中，燒酒和清酒下肚，對公務人員來說，地方要發展自身的特色還真是不容易，沒有地理位置條件更是難上加難，特別是觀光客到靜岡後，就上富士山去了，怎麼會有可能在牧之原市停留呢？而儘管靜岡以茶聞名，但又怎麼凸顯出牧之原茶園的

好呢？在習得不同方法論後，或許真的要透過外來人的視角再一次為地方診斷，才有可能找出新的方向。

第三天到東京玩具美術館參訪，聽聽日本如何發展「木育」政策概念，以及推廣木育的協會，如何用木頭、用玩具創生地方，甚至是全世界。結束考察行程後是一堂教授公務員如何帶「願景工作坊」的課，發下一張九宮格，於最中間填入九個你想要成為的人，想要創造什麼樣的社會，接著為此能怎麼樣延伸出更多職業、角色或行動。希望能蒐集市民們一個個願景，由承辦人員整理合作方案，在自由發想中共創社會共好。

第四天體驗了自由的「圍棋破冰法」，藉由下圍棋，與對手聊天，無論對方是上司還是晚輩，在圍棋桌前大家是平等的，藉此可以進行不被框架限制的言論，每下一步便紀錄向對手詢問了什麼問題。接著，進行人口與區域經濟研究課程，藉由 RESAS 地方社會經濟系統和環境省的地域經濟循環系統，可以很清楚地知道如何透過數據了解地方的比較利益，輔以在地民調，便可以使政策制定者們把握住在地的發展機會以及將可能面臨的危機，便能發想出更多地方創生的計畫提案。最後，同樣是人才養成塾。此前，我也未曾想到，地方公務員竟然要學習如何製作創業的預算報表。然而如此一來，在地若有小農爺爺奶奶想要製作加工品，公務員便可協助他們有簡單的成本概念做微型創業。

第五天前往位在日本橋站的移居與協力隊諮詢中心，深切感受到比較政策研究的魅力，在台灣很少聽到有島內移居這樣的議程設定，多半是強調中央政府如何為台灣「留才、育才、攬才」讓台灣人才可以根留台灣。然而若將視角拉到地方政府，台灣或許也能夠在台北有一個據點，串連所有地方政府資源的移居平台。此外我也非常欽佩日本的資訊情報能力，不只有實體空間能交流，連網站也都將情報功能想得面面俱到，更重要的是定時更新情報資訊，可說是官僚走在公民社會最前線，走在地方最前線。

接下來的幾天，我參與地方創生實踐營隊的工作團隊，前往群馬縣富岡市，在世界遺產中向一流的新媒體學習地方編輯與行銷，在短短的兩天內製作出一個全新視角的一頁式網頁。最後，我在實習前後都有報告，不只分享台灣的政策、也分享實習的心得感想，讓實習的體驗能夠有充分的台日雙方比較、確認與交流借鏡的時間。除此之外，每天都有參加同事的飲酒交流會，心心念念羨慕著日本，有太多很棒的公務員與實務家無私分享著地方的美麗與哀愁。

我本身是在地人，大學到外地唸書後申請返鄉服務，我希望可以為我的孩子努力，打造我們想要的生活環境。一切行動都是如此理所當然。

從關鍵公務員看地方創生：
地域活性化的精神、地域振興協力隊之父—椎川忍理事長訪談

首先，要**將國家的「地方創生」，想成自己居住地的「區域創生」**。對於椎川理事長來說，基本上，地區創生是自己的責任，只能自己思考並付諸實踐。對於如何認知國家的政策，他的建議是，就想說是為了達成自己的目的，可以靈活利用的東西就好了。然而，這就必須要理解國家的政治是怎樣的東西，才不被人擺佈，同時也應堅持信念，實踐信念。

必須打破「國家說的就做，且按照國家的話做」的想法

在椎川看來，大家應好好客觀地理解、運用數據，審慎思考如何實踐，這不只是地方政府要做的事，是包括地域居民在內，都應把握後好好地做。就如同地方創生的榜樣鹿兒島縣鹿屋市串良町柳谷集落公民館長豐重哲郎，他有一句名言就是「不要著急，別著急，不要走捷徑！」，花 20 年來解所有地區的課題。

地方創生是以改革國民（居民）意識為前提

對於人口問題，需要每一位國民和居民理解，不改變的話就不成功。特別是要從年輕人、中小學生們共同參與開始，如果不能接受多元的價值觀，就無法解「無意識」的問題。因此地區、社會、企業、政府機關都必須去挖掘出年輕人的能力。

地方創生不是一蹴可幾

在面對地方議題時，若是沒有穩固的結構，那就會像是在沙上建塔，勢在必垮，即使是繞道，也要好好地打好基礎。而所謂的基礎是什麼呢？包括用地方分權制度培育居民自治能力、要培養能串連跨域的人才組織、建立引導年輕人力量的系統、有效率的地區經濟循環結構。

對於人口問題，需要每一位國民和居民理解，不改變的話就不成功。特別是要從年輕人、中小學生們共同參與開始，如果不能接受多元的價值觀，就無法解「無意識」的問題。

國家的戰略基礎

面對少子高齡化，首要考慮的並非移民或是開放外國勞動者，而是提高出生率，而出生率僅憑藉擴大育兒政策並不充分，應搭配價值觀多樣化的教育。再者，應促進出生率高的地區向外移居，翻轉大家過度集中在東京的問題，最後應該要全盤檢討高等教育改革。

地方的戰略基礎

首先是提高出生率，方法有很多種，包括擴大不只是補助的育兒政策，以及充實提升孩子們的教育環境。再來是讓社會增減為零，進而提升社會增加，促進移居風潮，而這些討論的單位盡可能從規模小的聚落、社區開始展開行動，做好小目標才有可能完成大目標。

具體來講三個故事：
最小單位公民館的聚落內發型再生、一切的根本是人才培育、地方政府公務員現在立刻返回原點，飛奔到地方去（原立返、地域飛出！）！

日本區域再生的經典案例是鹿兒島縣鹿屋市串良町柳谷村落（やねだん），人口約300人，65歲以上的人口佔4成，能明顯感到人口老化的危機，稱之為限界聚落。1996年時，55歲的豐重哲郎，擔任聚落的自治公民館長（類似社區營造理事長），誓言要不靠政府資源來活絡地方，信奉三個原則：居民自治、確保財源並且回饋於民。

再談永續社區發展前，要先有自主財源。在產業面，館長利用休耕地活用土著菌（又稱「本地微生物菌」）種植蕃薯來製造燒酒，也栽種有機唐辛子，出口至韓國或是提供給來

考察的訪賓，一年約有5000人來考察，為村落帶來500萬日圓的自主財源；甚至韓國企業家返回韓國後開了一間同名的「やねだん」居酒屋，讓地瓜燒酒能直接有了一個國外的通路。此外，在教育文化面，將空屋作為迎賓館吸引藝術家駐村移居，透過藝術與村落孩童交流，同時也會每年舉辦祭典和親子活動，讓村中的孩子們能有親近家鄉土地的時光。在全國社群面，每年舉辦兩次「故鄉創世塾」，串聯全日本極小的村落共同交流與學習，期許培育下一代的區域領袖，同時也在東京開辦、派遣高中生到東日本大地震災區研修、致贈休旅車給受災地的非營利組織。

村落的自主財源就好比共同發展基金，照顧著每一個人，所有離開人世的村民喪禮費，是由這筆基金支付，讓每一位長者都不是孤獨老死。另外在社福面，整個村落的人都彼此直呼名字而非姓氏，建立家族感。同時也強調青少年健全發展，村內不僅沒有不良少年，老年人殘疾人與兒童間更是共生互助，藉此吸引移居者。在治安方面，在獨居者的家中設置緊急通報裝置、防盜鈴和煙霧探測器；在健康面，將舊工廠遺址建設運動遊憩園地，讓大家能運動促進健康、減少高齡者就醫次數。在節慶時，像是母親節、父親節與敬老節，館長會蒐集在異地工作就學的子女給父母的信，並由在地高中生為在地長輩朗讀。

這個柳谷聚落的經驗之所以被日本多數極限村落和公務員推崇，不但是因為豐重哲郎館長獲頒總務省的故鄉營造最優秀大賞（ふるさとづくり大賞），也不是他被石破茂、小泉進次郎等議員譽為「奇蹟的村落」，或是出版了「給日本的遺言（日本への遺言地域再生の神様が起した奇跡）」，而是一路走來二十多年，

一個人口不到 300 人的高齡化村落，他沒有消滅，且依然努力地向全國傳達決心與希望。

創辦區域活化中心（地域活性化センター）的使命：人才培育、組織再生、榮耀區域

順著第一個故事，理事長認為地方的人才是地方是否能永續的核心，因此中心的成立宗旨就是以培育公務人員為核心，理念有三：多樣的新方法、現場主義，以及從研修到主動學習。中心的主要重點業務有七項：1. 與地方政府締結「人才育成計畫」促進培育跨領域人才。2. 支援政府的「地方創生大學計畫」，特別是維護授課內容。3. 提出廣域生活圈或者市町村內的地區、村落的人口經濟循環分析以及在地課題解決方案。4. 推動宣傳報導的戰略。5. 活用區域營造的群眾募資。6. 策劃制定與活絡地方經濟與地方創生相關的行動方案與計畫施行支援。7. 培育活絡地方與地方創生必要的創造性人才。

每年有許多地方政府與中心簽訂合作協議，派遣地方公務員到東京來培訓，或由中心派人組織到地方政府，根據地方政府的體質、職員狀況以及官民合作能力的程度來製作專屬的研討會、區域領袖培訓、故鄉創世塾等活動。

為什麼有必要育成跨領域公共人才？

理事長觀察到時代的潮流已經不一樣了，日本社會有所蛻變，從高度成長社會變為成熟社會，漸漸從中央集權型政府轉為地方分權型政府，邁向能夠自立的區域社會。在這樣的潮流下，地方政府的工作也有所改變，需要依據區域的實際狀況來訂定細緻的對策，除了義務性與標準化的計畫之外，還要能有彈性訂定更多有獨立性的計畫。因此公務人員除了拍板定

30.4.1

年 度 （平成）	役 員	職 員	地方公共 團體	民間企業	合 計
18（2006）	2	40	25	6	42
19（2007）	2	40	24	7	42
20（2008）	2	42	24	9	44
21（2009）	2	45	25	11	47
22（2010）	2	46	25	12	48
23（2011）	2	39	23	8	41
24（2012）	2	38	21	8	40
25（2013）	2	37	23	7	39
26（2014）	2	46	30	8	48
27（2015）	2	58	42	8	60
28（2016）	2	67	52	7	69
29（2017）	2	73	58	7	75
30（2018）	2	81	66	7	83

↑圖表來源：地域活性化センター事業案内。

案的能力之外，還必須要有創意力作計畫的企劃、撰寫與執行。在這樣的過程中，知識的深化與探索就變得非常重要，換言之創新始於智慧與探索。這樣的概念在企業的經營中也是一樣的道理，是否能培養環境適應性高的跨域人才成為重中之重。這樣的理想在單一且小的地方政府中難以自己實踐，因此需要搭配向地域性活性化中心一般的專門機構，串連起每年派遣到東京新的地方公務員、派遣過的學長姐、負責培育人才的職員，以及中心的職員，四種不同的角色在多地共同合作。

任務驅動型公務組織、地方分權、現場主義、自我負責

椎川理事長曾經出版一本書《飛奔到地方去：公務員手冊》，講述要如何培育出以經營區域為中心的公務人才，認為政府在談「公民參與」和「新公共」之前，一定要自己投入實踐的活動，不然只是做「行政」或是單純運用公所的管理營運，是無法產出「願景」，因此若是能確認公務人員的願景和在地的經營角色，那地方有了願景、有元氣，居住在那的

人也會幸福。更重要的是，在面對時時在創新的世界環境時，應更加注重現場主義以及跨業種的交流。而制度上或是改變風氣時，可以開辦相關公務人員的社群與獎項，鼓勵各地公務員在政策計畫提案與設計上，有更多創新的發想。

地方創生的課題：邁向成熟社會的蛻變期

從一個村落再生到活躍的公務員培育，再談到地方創生，此時地方創生其實就會是一個非常基本的想法，是希望翻轉國民意識，也是一場國民運動，所有的村民、町民、市民和縣民共同參與。其中在一路走來的經驗中發現，教育的方法是關鍵，應排除垂直權力結構，討論出真正的綜合戰略。另外，非常重要的是，沒有地方一級產業的活化，就不是地方創生，特別對日本來說，就是森林林業的復育與再生。除了一級產業之外就是「人」的創生，對每一個村落來說，到底需要什麼樣的人才、抑或是要如何培養人才，最後都得要從每個聚落至今累積的發展角度出發，規劃好的區域經濟循環結。

在檢視地方的綜合戰略時，要留意居民是否對問題意識有共鳴感？社區聚落有沒有獨立心？是否已經確立好區域內的分權制度？年輕人是否參與企劃？另外是教育改革是否有符合價值觀多樣化、國小國中高中生能否共同參與？最後依舊是經濟循環結構和人才育成的系統是否有被建置起來？是否能對症下藥打造城鎮下一代的舞台？真正對抗 20 到 30 年後人口減少的結構。

換言之，細看日本推地方創生成功的地方政府，有某些共通的特質：

人才培育的內外網絡充足、獨立心旺盛、執行力高、分權制度進步、區域經濟循環結構完備、有引導年輕人的力量進入系統、長輩不過問細節而是在背後做風險管理、不濫用國家政策資源、用數字做好現狀的分析。如此一來，政治與行政上無法解決的議題，在聚落眾人的努力下，特別是我們的下一代，能否不讓地方消滅的危機發生。

※感謝地域活性化中心椎川忍理事長接受訪談。
　感謝人才育成室安排實習課程。

面對災害或危機過後，我想要復興家鄉，面對世界對我們的誤解，我想透過觀光的手法，讓世界看到我們不一樣了，我們站起來了。那一股氣是我們的骨氣。

東京鐵塔下的角落微光：
從「芝の家」找尋都市型交流據點的光

在是枝裕和導演的《小偷家族》中，我們看到日本最深刻的社會議題，包括年輕夫婦虐童、貧富差距過大、都市繁華下不為世人所關注的另一個社會，幾位極為無助的人聚在一起，人與人相互關照成了點亮社會的一抹溫暖。到頭來，才發現原來沒有血緣關係的人，也能成為另一種家庭。

東京港區，人稱東京天龍國中的天龍國，在《東京女子圖鑑》一劇中，港區人只能跟港區出身的人交往，無論工作或是人際關係都是一般人最難攻略的一區。而在這樣的區域中，竟然存在著一間小屋，裡頭的人無論從哪裡來，大家都是一家人。

「我們這個空間由慶應大學三田之家有限責任事業組合營運，歡迎所有人進來聊天、托育、喝茶。不僅住在附近的奶奶們成了大家的奶奶，還不乏有外國人臉孔的家庭來此聚會。讓高齡者、在學者、在地居民自由進出、互相幫忙，感受到都市叢林、東京鐵塔下的溫暖。」

↑芝の家門口。

在是枝裕和導演的《小偷家族》中，我們看到日本最深刻的社會議題，包括年輕夫婦虐童、貧富差距過大、都市繁華下不為世人所關注的另一個社會，幾位極為無助的人聚在一起，人與人相互關照成了點亮社會的一抹溫暖。到頭來，才發現原來沒有血緣關係的人，也能成為另一種家庭。

↑內部環境。

芝の家是位在距離東京港區「芝公園」1公里
交流據點，每週提供茶點交流時間、育兒交流等活
動。想要在這辦活動的人，無論是誰都可以提案，
像是生日慶生會、玩具交流會、成年禮等聚會也可
以在這舉辦。更特別的是，還有舉辦以「道別逝者」
為主題的陪伴交流會，讓所有正面臨生離死別的居
民能有一個相互鼓勵與慰藉時間。

↑民眾提案。

　　這裡提供簡單的茶點、玩具、文具畫筆，也販售紀念品。此外，所有的營運檔案皆公開給民眾翻閱，每月有一份「芝の家」行事曆，可以清楚知道空間的活動，空間除了正職的營運人員之外，也有學校的實習生以及外國實習記者。

　　「實在不敢置信，在東京鐵塔下有這樣的空間，易於接近、易於融入、也能很好地放鬆，就好像有了這個空間，無論發生什麼事都有人會接住我。」一同去參訪的公務員朋友這麼說。

←↑↓芝の家內部環境及擺設。

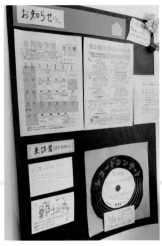

↑芝の家行事曆。　　　　　↑芝の家提案。

而在「芝公園」的另一側，有另一個據點「新橋街坊實驗室[1]（ご近所ラボ新橋）」，為一個社區交流中心，同樣是由三田之家營運。共有四層樓，一半是區民交流空間與會議室，二三樓為育嬰托兒空間，還有頂樓為小小的菜園，還能眺望東京鐵塔。每週固定的講座與國際交流時間，另有舉辦新創育成長期講座（ご近所 Innovation 学校），招募 20 名對於區域創新有熱忱的人，一起進行半年的實踐型培訓，針對港區這區域發掘問題、提出新解方、新點子，也到港區的社區據點實際參與營運，最後報告提案並實際執行案子，以培育社區經營的人才。打破我們對於學校串起「社區中心」、「鄰里活動中心」的想像。

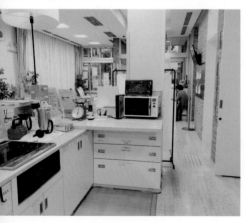

註：1 「ラボ」とは「研究室」や「実験室」。

防災產業品牌：
高知縣黑潮町如何建立自主防災文化，進行「防災創生」總體戰

高知縣黑潮町是濱海城鎮，平成 18 年、由舊佐賀町及舊大方町合併而生，位於四國高知縣西南方位置，面積 188 平方公里（約屏東牡丹鄉），人口約 11300 人，5528 戶，15 歲以下青少年人口 953 人，65 歲以上高齡人口 4837 人，就業人口為 5242 人，一級產業人口佔二成三、三級產業人口佔五成八。

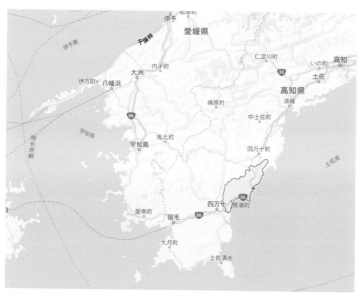

↑高知縣黑潮丁位置示意圖。圖片來源：Google Map。

為了預防震度 7 引發 34 公尺的海嘯，日本高知縣黑潮町推動防災總體戰

2011 年東日本大地震後，日本各地進行了海嘯模擬報告，預測若發生 7 級地震的話，根據海嘯推估情形，高知縣的黑潮町將會發生全日本最高的海嘯，因此其地方政府以東日本大地震為鑒，並以高知佐賀地區的防災經驗為師，推動以防災為核心目標的社區營造。

2011 年東日本大地震後，日本各地進行了海嘯模擬報告，預測若發生 7 級地震的話，根據海嘯推估情形，高知縣的黑潮町將會發生全日本最高的海嘯，因此其地方政府以東日本大地震為鑒，並以高知佐賀地區的防災經驗為師，推動以防災為核心目標的的社區營造。

首先，黑潮町情報防災課調查地形盤點資料、模擬海嘯狀況、預估逃亡動線死亡人數，課長認為「防災」不只是一種對策而已，而是希望能建構「防災思想」，目標是讓城鎮行政人員與公共區域的全體市民「不放棄逃難」。

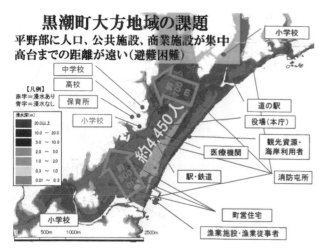

↑ 黑潮町海嘯淹水推估圖，若海嘯來襲，將以疏散最多人口為目標。圖片來源：松本敏郎課長簡報。

社區營造已經從－政府鼓勵你做，轉換成地方社群自發主動、且必須永續強大

高知町認為，在未來極端氣候的影響下，再多的防水工程也不一定能有效防災，因此建構「防災社區」格外重要，此外，防災應配合當地特有文化與環境背景，創造符合當地社區的防災文化，而不能全部歸咎給「工程」。

首先，防災思想需先釐清楚地方政府、區域以及住民彼此必要的角色，並將防災思想以施策的方式具體化，確保區域內的組織分工引擎在必要時能發揮戰力。以分區的責任者制為核心，舉辦防災研修會、區長消防團長協調會、地區負責職員與一般市民的工作坊、町內61個聚落避難所和避難道路調查與整修、自

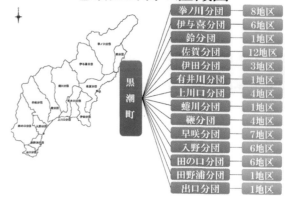

↑ 黑潮町防災計畫地方責任制的分團分區組織圖。圖片來源：松本敏郎課長簡報。

↑ 黑潮町內61個聚落避難所與避難地形道路的盤點調查。圖片來源：松本敏郎課長簡報。

主防災組織的綜合防災訓練計畫、各防災地區懇談會，以及避難塔建設協調會。

再來，透過家庭避難意識調查表，建立以「家戶」為核心的防災診斷紀錄。每戶居民必須繳交一份「海嘯避難行動表」清楚記載包括：家族構成與是否能自行避難、聯絡方式、到達避難場所需的時間、避難方法為徒步自行車亦或是汽車、離家最近的鄰座防災小組負責人名與自家距離、自家的耐震性、在避難過程中會遇到的問題、有無醫療與消防相關資格認證，以及確認是否同意個人資料與相關單位共有。

夠知識主體意識的統合體，一同對抗天災。

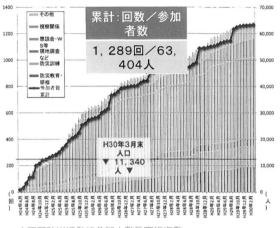

防災活動への参加人数と活動内容別の実施回数（累計）

↑不同防災活動的參加人數及實施次數。
圖片來源：松本敏郎課長簡報。

在回收率 100% 的調查表結果中，黑潮町內會受到海嘯影響的人口為 9100 人，其中自己有避難困難的為 753 人，而即使有家庭幫忙依舊困難者為 153 人，參加防災工作坊的比例為 63%。黑潮町認為透過這樣的調查表，能達到建立防災意識的多個目標，例如：確認參與防災工作坊的出席狀況、讓住民了解自家風險、將課題細緻化、活用鄰座防災小組這樣新視點社區，且讓填表過程等於是進行了一次避難行動沙盤推演。

以防災總體戰的概念翻轉「形式防災」文化，傳承「與我有關」的防災文化

總體戰的概念，本來是戰爭中調度一切資源，包含所有人、事、物都變成可被調度的客體，用以對抗另一個衝突中的政治實體。而防災總體戰的概念，卻跳脫了將人視為數字、資源的一部分，而是作為具備防災意識的主體，確保在災難中有足夠的觀念救援自己和身邊的人，此時總體戰的概念會變成以一個具備足

在教育面，黑潮町推動學校防災教育計畫，具體的防災課程於小一時拿相機拍下從學校到避難所、從家裡到避難所的防災表示或建築，並畫下路線。小二時請當地耆老帶隊走訪在地災害的歷史、災後神社祭拜的故事。小三時參訪防災物資倉庫、認識防災用品和設施。此外，透過地區防災支援制度，以及減災防災工程診斷設計及登錄等服務，補足所有實際上防災的人數缺口，藉由檢視逐年增加參與防災計畫，甚至夜間演習的市民參與人數，漸漸看到有成果的「防災文化」。

在國際參與上，聯合國在 2015 年的防災世界會議及永續發展 2030 議程中，決議將 11 月 5 日定為世界海嘯日，日本在外務省主導下，每年舉辦世界海嘯日活動，向世界傳達日本防災經驗；2016 年便由黑潮町主辦「世界海嘯日 - 高中生高峰會」跟來自海外 29 個國家、247 位及國內 36 校 110 位高中生參與防災演習、與經驗交流。

最後，黑潮町甚至透過藝術手段，來推廣「海洋城鎮」文化，成立了以海岸為中心的砂濱美術館，在沙灘上展示由當地孩子共同創作 T-shirt，也就是藉由地景藝術來記錄大自然，用藝術表現的方式讓「保存環境生態」這樣的意識深植到市民的心，同時用藝術與世界交流，在世界各地發起，一同搭置 34 公尺 T-shirt 裝置藝術的創作活動。地方甚至創建了由地方政府出資 75% 的「34M」防災罐頭品牌，希望透過「防災食品品牌化」，讓居民和旅人在享用當地漁產料理的同時，能接收到，黑潮町想要傳達日常「自主防災文化」的重要性。

若我們將文化定義為運用器物、制度及理念設計，看看 2018 年一整年備受防災考驗的日本方方面面的思考、再想想台灣淹水後的防災檢討，在如今各國受極端氣候異常影響的風險之下，要如何在防洪工程至上、政府官僚責任至上的觀念下，創生出各區去自身的防災文化，甚至是防災文化產業，日本經驗或許是同為島國的台灣可用以借鑑的對象。

↑由 34M 公司設計的防海料理罐頭災備品。
圖片來源：株式会社黒潮町缶詰製作所。

↑由黑潮町罐頭製作所公司設計的海料理罐頭防災備品。
圖片來源：株式会社黒潮町缶詰製作所。

→由 34M 公司販售的防災備品套組。
圖片來源：株式会社黒潮町缶詰製作所。

小さな町の小さな缶詰工場
だからこそ拘りのある
安全で美味しいを約束します。

黒潮町は四国、高知県の西部太平洋に面した砂浜の美しい小さな町。

私たち黒潮町缶詰製作所は「もしもに備える食」と「毎日美味しい」をテーマに自然あふれるこの町に小さな工場を構え、地元の新鮮で安全・安心な素材をひとつひとつ人の手によって丁寧に缶詰にしています。

缶詰だからこそ出来ることに拘（こだわ）りいつもの食卓を楽しく

彩るグルメ缶からもしもの時の防災備蓄缶詰まで、日々真心こめて製造しています。

食べていただくと黒潮の恵みと人の温もりが伝わります。

↑由黑潮町罐頭製作所公司防災罐頭設計理念，將防災軟性思維注入日常食品。
圖片來源：株式会社黒潮町缶詰製作所。

※ 本篇感日本政策研究大學院 2018 地方社區的政策創新能力（鏈結力）開發研修（平成 30 年地域コミュニティの政策イノベーション能力開発研修）前黑潮町情報防災松本敏郎課長授課分享。

海島教育翻轉：
什麼都有（ないものはない）的離島
海士町的挑戰「自肅、產業、教育」

海士町距離島根半島 60 公里，面積 33.43 平方公里，人口約 2400 人，在奈良時代被稱為「御食國」，在承久之亂後，被稱為「遠流之島」。前海士町町長山內道雄先生與我們分享離島的挑戰與創生。他認為在沒有錢、沒有制度、沒有前例的環境下，意識理念和治理的思想最為重要。不同於一般演講綱要的精簡，他那份由 A4 雙面列印而成的演講綱要，記載著滿滿的海士町創生的關鍵經驗。

1. 首先要改革職員的意識

將區公所視為一個「區民綜合服務公司」，這公司的經營方針包括自立、挑戰、交流，讓人與大自然一起在島上閃耀，改革職員觀看事務的視角與意識，希望每一位公務員都有熱情、誠意與創意。町長在每週四召開例行的「經營會議」，並修正講求年資的「年功序列」制度，改為推薦制，讓每一位公務員工都有發揮所長的機會。

2. 平成大合併後的自立之道

在 1999 年至 2010 年進行平成大合併，每一個市町村其實能「選擇」是否要與其他的城鎮合併，當時海士町作出「自己的島嶼自己守護」、「單一町制」這選擇，成了自治的初衷與覺悟，自己打造島的未來。

3. 一生懸命的「促進自立計畫」

促進自立的計畫中分為「守護」戰略與「攻勢」戰略。在「守護」戰略中，首先是一級官員減半薪，要先從自己由上做起改革，人民才有可能支持改革，接著是公部門職員秉持著先憂後樂的精神，減薪三成，將薪水用於投資未來上，傳達「公所是認真的」想法給島上所有居民。因此，從上開始改變了公務員、又由公務

對町長來說，活性化、變革就是要打破人的惰性，他相信在嚴峻的環境中人情和相遇是最重要的事，大家一起相互扶持，並保有惻隱之心。如今町長已經交棒給下一個世代，將來作為町民，繼續守護並期待著海士町的未來。

員改變了公所、由公所改變了居民，那麼居民也會改變整個島，進而讓所有島民都有危機意識。

「攻勢」的戰略中，秉持著善用自己有的資源，公所設立交流促進課、地產地商課，以及產業創出課。爾後成立第三部門故鄉海士公司，負責島外貿易，並且以「海潮風鹽」為振興產業的品牌，分別開發了海螺咖哩、牡蠣、隱岐牛、以首都圈的消費者為主要的客群，並投資 CAS 保鮮系統讓島上漁業得以出口新鮮的產品。除了拓展市場之外，也不斷在開發新產品，像是隱岐牛、島嶼咖哩、咖啡和米酒。

4. 地產地商到地產知生

從 2007 年開始，海士町就將「人才育成」視為重點的施政，認為島上高中的存廢等同於島的存亡，因此開辦了「縣立隱岐島前高校魅力化計畫」。到 2017 年全校的學生超過 180 人，從 24 個都道府縣慕名來本校就讀。接著在全日本的離島、山林的高中小學間展開「島留學」、「島根留學」計畫。

再來建立島內圖書分館的概念，除了主要的圖書館之外，還有 8 個分館，分別在物產中心、隱岐國學習中心、島前交流設施、三登運輸、保健福祉中心、菱浦區公民館、東區公民館、知知井會館、崎文化會館等，希望將圖書館延伸到島上各個公共設施。此外還舉辦孩子的議會，讓國小生到町公所與町長交流對小島的看法。

此外於 2010 年設立公營的隱岐國學習中心，舉辦生涯教育、夢想研討會等活動，並且還活用遠距物聯網設備，推動「超級國際化高中」計畫，不但提高升學率，讓島嶼教育充滿

魅力，從中帶動島嶼人才流動，培育下一代未來的在地國際化人才。

5. 年輕人在海士島上做什麼？

島上很多從都市來的移居者，多為 40 歲以下高學歷且具有專業的人，這些外來者的共通點是，並非因為逃避而到島上，而是因為緣分、羈絆而抱有遠大志向聚集來島上，他們來此創造工作、創造活躍島上的事業。這些 I-Turn（都市移居）的移居者與島民們合作「離島型經濟事業」，讓「年輕人、外來者、笨蛋」在島上興起了新的風與能量，換言之，地域活性化的根本是「交流」，是年輕人們決心投入後帶動改變居民意識。

6. 移住對策的概念

海士町的移居配套措施建立在地域振興協力隊制度上，若有人真心想要到島上工作，那麼行政面上就會年復一年活用「海士町粉絲銀行」制度提供協助。所有制度成功的關鍵是行政方要有明確的需求、移居方要有強烈移居的意志和心境，這才是移居振興制度上最重要的戰略。

7. 地方創生如何往哪個方向去？

那麼海士町的經驗對國家「地方創生」戰略來說，有什麼樣的指引方向呢？「自己的島自己守護、自己島的未來自己去開拓築夢。」這樣的居民氣概和覺悟才是所謂對故鄉愛的攻勢。因此要將「消化預算型行政」徹底轉變為「獲利型行政」，讓開發商品和創造人才成為島嶼永續的能量，且讓行政與居民有共鳴感。這其中最關鍵的事情，是地方議會和地方政府如何培養出「政策形成能力」，推動爭取更多發展補助金。

8. 地方經營與關鍵

回過頭來對町長來說，區域經營就是企業經營，成功關鍵在於熱情和認真程度，首長是不是有面對挑戰和壓力的覺悟？用一句山內道雄町長的座右銘來總結，「現在不做的話什麼時候要做，我不做的話誰做？」

對町長來說，活性化、變革就是要打破人的惰性，他相信在嚴峻的環境中人情和相遇是最重要的事，大家一起相互扶持，並保有惻隱之心。如今町長已經交棒給下一個世代，將來作為町民，繼續守護並期待著海士町的未來。

※ 本篇感謝由日本政策研究大學院 2018 地方社區的政策創新能力（鏈結力）開發研修（平成 30 年地域コミュニティの政策イノベーション能力開発研修）前海士町町長山內道雄授課分享。

少年、少女よ、大志を抱け！Boys and Girls, Be Ambitious！把最好的自己留給鄉土！

地方創生是藉由外部國際活動，連動國內改革，深刻關懷地方人口議題。特別是在全球化下被消滅的、在資本主義下被取代的、被社會關懷遺落的，以及那些因應新創新之下被限制的。

生活感商圈：
高松丸龜町商店街再開發
「民間主導、玩真的、社群」

丸龜町商店街位在日本香川縣高松市，去過瀨戶內海藝術祭的朋友，若是從台灣飛高松機場，可能都會有印象從機場到港口，會經過一大片商店街，分別是兵庫町、片原町、丸龜商店街、獅子通商店街、南新町商店街、新町商店街、常盤町商店街等 8 條街，其中丸龜町商店街在 2006 年獲選日本中小企業廳的「加油商店街 77 選」之一。

這條商店街總長 2.7 公里，從 1588 至今有近 400 年的歷史，然而在經濟泡沫化下接連歷經了地價高漲後空洞化的狀態，此外在 1988 年瀨戶內大橋開通後，大型的資本也就是大型店舖接二連三在香川縣開張，商店街舉行了開町 400 年祭典，反應大不如前，讓商人們感受到強烈的危機感。

這樣的背景之下，2006 年丸龜商店街一年最高峰通行人數只有最高峰時 20 萬通行人數的一半。商店街也就面臨到高齡化經營者後繼者不足，街區不動產活用率低以及店面單一都是服飾零售、藥妝店和百元商店的問題，除此之外還有商店街的社區基礎社設備機能差，像是沒有麵包店、蕎麥麵店以及日常衣服用品店，當然建築設備老舊、大型郊外店競爭者多終將使商店街出現沒有新投資的惡行循環。

負責商店街統籌改造與協調的人是丸龜町商店街振興組合的理事長，谷川康造理事長出生於商店街，他認為若商店街要跟大型店舖競爭，無論是資本或是經營能力都望塵莫及，因此換個切入點想，在人口減少的時代，必須縮小「都市觀」，也就是要正面對決「縮小型社會」，並將「消費者」這個對象導為「生活者」，換言之，我們應該將居民引導回市中心，因此高齡的居民需求就

在高松丸龜町商店街改造的案例中，我們發現社區營造、街區營造到底是什麼？或許就是丸龜町商店街振興組合的谷川康造理事長不斷強調：「現在覺得有困難，未來可能有煩惱的課題，市民大家一起動手解決的作業。面對這些課題不只是『想要做』而已，而是『認真地』鬆綁、打破與串連起生活圈社群。」

成了活化商店街的關鍵,在商店街上除了補足食衣住行育樂之外,還有「醫」的主題,將成就生活者能聚集的地方。

若談到丸龜町的社區營造戰略,谷川認為日本地方都市再生的故事劇本不外乎是:「未來國家各地都會面臨財政的問題,同時邁向人口漸少高齡化社會,經濟減少成長,因此在這樣的背景之下,地方分權與地方自立就特別地重要,也就是國家說的地方創生,各地方必須要確保稅金的使用方法和稅收,所以要活化市中心街道,過程中最重要的是盤點阻礙活化的原因。

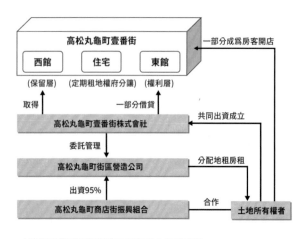

↑ 高松丸龜町街居營造活用開發合作概念圖。
圖片來源:谷川康造理事長講義。

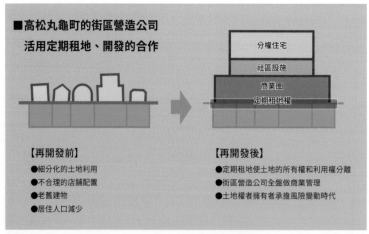

↑ 街區再開發的方案概要。圖片來源:谷川康造理事長講義。

在盤點痛點時,我們會發現阻礙活化的癥結點是『土地問題』。因此振興組合便開始一項一項找最適合的活化方法。最後我們認為解方是用定期借地權來管理土地所有權和利用權分權。」換言之,在街居成立街區共有公司,讓街區居民成為股東,運用定期租賃土地契約(60年契約),將所有權與使用權分離,讓老街區得以重生,讓老街不會陷於某項單一商業性,而能從商店街興盛的合成謬誤中解放出來。

解決土地問題後,改造的基本戰略是改造街區空間、充實商業環境,讓商店街振興為瀨戶內區域的中心。在 1990 年由商店街振興組合與跨界專接研議的開發計畫中,希望傳達出「因為居住而群聚,人們生活的街道」的願景,全區劃分為 ABCDEFG 區,A 為服飾中心的國際品牌街,BC 區為美與健康時尚的街,D 區為藝術文化街區對接高松美術館,EF 區為家庭和休閒,G 區為在地產物銷售和祭典的街道,就像是一個實體街區型百貨公司。接著成立街區營造第三部門公司,由商店街興組合出資 93%、高松市政府出資 5%、權利者法人 2%、16 名職員分工營運各個街區,可說是發揮更多民間街區自治的能量。

2006 年商店街開始動工再造,改造前後區域營業額從 18 億上升到 33 億,通行量每日通行人數上升到 1 千萬人,居住人口從 25 人上升到 95 人。至 2012 年完工,現在商店街總長 2.7 公里,店舖數量有 205 個店舖、出資者有 104 位,開發的心法有以下幾個階段注意事項。

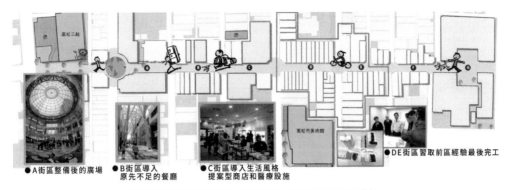

●A街區整備後的廣場　●B街區導入原先不足的餐廳　●C街區導入生活風格提案型商店和醫療設施　●DE街區習取前區經驗最後完工

↑街區再開發分區示意圖。圖片來源：谷川康造理事長講義。

1. 與現存的社區多方利益關係者共存：

日本在討論土地問題時，會面臨一般租地權和既得權不同人，最後無法合作溝通等問題，且這是全國共通的課題，有些甚至連當地政府也無法處理這種牴觸憲法財產權的議題，因此要發展出定期租地權，以及民民契約合作模式。

2. 從不同數據資料來分析（都市計畫與實體經濟的觀點）：

高松是一個有港口的商都，2.7公里商店街，是日本最大的廣域商店街，也是整合度很高的社區，佔市中心5公里、稅收75%、面積5%。衰退原因有兩個，一是瀨戶大橋開通後大資本開始不投入了，另一個是地價泡沫化，市中心漸漸空洞轉往發展第二副都心，然而發展第二副都心的行政費用，其實會比留在都心還高，因此要整體來分析發展方向。從香川縣的商業統計可得知小店鋪的經營人、店、營業額都在下降，也就是商業稅金漸漸移到縣外，且在分析縣內所有商業區的配置面積圖與隔壁香川縣的商業及人口資訊中，發現縣內不同區域真的是非常競爭。

3. 全盤思考新的街區設計：

丸龜町的開發計畫是以民間主導，且不拘泥前例，更重要的是必須要調查全國商店街失敗的案例，向失敗學習，而設計的問題意識為「解決土地問題及居住人口」，過程中盡量讓所有居民都有角色。首先列出整條街的配置圖，接著拍攝開發前後對照相片，規劃多個街區不同的功能。再來除了做街道拓寬、植栽、路面設計、廣場設計之外，還有規劃商店街中不同的街區主題，例如當地房地產販售、新美食街，以高松美術館為中心的藝術街、病院美容健康健身街，再來是以國際品牌飯店為主的高級廣場街區。此外，現也在規劃擴充整理500戶公寓住宅的計畫，也就是進行店鋪行業種類再設計，擴充更完善的生活公共建設，例如：住宅、診所、育兒中心、市民廣場、辦活動的場域、長照設施、溫泉、電影、街區巴士、生鮮超市、市民市場、丸龜町創業自造空間、就業中心、大學社區檔案館等設施，等於是生活型街區百貨公司的概念。

4. 商店街的新目標：

在有具體的目標後盡可能發想新的活動，用好的商業模式促進人口增長，並發展促進新的居住實驗。

在醫療面進行新的醫療再生與公共空間整備，將新的病院樓上改建為高齡公寓，藉此推動在家醫療與街區診所，建構出醫院舞台讓東京的醫生回流，往區域醫療再生的目標邁進。

↑商店街 A 區一樓為國際品牌，樓上為診所及餐廳。

↑商店街 G 區一樓服飾店有販售四國區域的特產。

↑商店街設有觀光諮詢中心提供旅客服務。

←商店街 G 區瀨戶內海藝術祭的宣傳海報。

也代表與公所合作調整現行的制度來達到官民公私合作，最終希望商店街能一步一步分工合作，喚醒商店街的公共性。

在商店街中所有的目標與活動要特別留意，街區內的活動並不是為了消化預算而辦活動，而是能讓更多人來商店街、讓營業額上升的活動，街區必須創造一個企劃發想的空間，讓市民能在裡面自由發想，甚至組成更多自發性的社區營造公司，希望更多專家一同與市民經營起商店街。

在公共空間營運面，要透過市民廣場讓大家了解公共設施是可以塑造好的市民文化，更重要的是盡可能與不同的群體合作，像是從居住面開始整備讓居民負擔得起的公共住宅。接著是教育面，可以透過與大學合作丸龜町檔案資料館、與創業家合作丸龜町工坊。在產業面，透過地產地銷合作促進瀨戶內區域的食文化再生、與高齡者合作支援高齡者就業、和農漁業生產者合作新的市場、與百貨店合作交流商業從業者的 know-how。

商店街區營造公司會做好區域經營管理，以確保財源並促進整體投資的規模效益、

在高松丸龜町商店街改造的案例中，我們發現社區營造、街區營造到底是什麼？或許就是丸龜町商店街振興組合的谷川康造理事長不斷強調：「現在覺得有困難，未來可能有煩惱的課題，市民大家一起動手解決的作業。面對這些課題不只是『想要做』而已，而是『認真地』鬆綁、打破與串連起生活圈社群。」

※本篇感謝由日本政策研究大學院 2018 地方社區的政策創新能力（鏈結力）開發研修（平成 30 年地域コミュニティの政策イノベーション能力開發研修）高松丸龜町商店街振興組合的理事長谷川康造授課分享。

在地產業與教育：
當廢棄小學遇上玩具美術館，
看「木育」交織的在地國際

木育概念始於 2004 年北海道的森林與林業基本計畫，你可以希望市民透過親近木材來了解不同的樹木文化，且能與多樣的關係人合作，學習了解木材利用的意義，特別是讓孩子觸碰木材、向木材學習、與木頭一起生活。

藝術與遊樂創造協會（芸術遊創造協）成立「木育 LAB（木育ラブ）」平台，以「かきくけこ」作為木育的推廣口號。

「か」是環境，代表守護環境，所有木製品皆得到森林管理委員會（FSC）的認證，確保木產業經營者在獲取利潤時，不犧牲森林資源、生態系統或影響社區。

「き」是木頭的文化，了解各地多樣木材種類、樹木紋路與使用的文化。

「く」是居住，木材傢俱與建材可以增加可親性，很適合用於育兒與照護空間。

「け」是經濟，以活化一級木業為核心，並結合二三級產業，帶動區域發展。

「こ」指的是孩子，希望孩童從小就能因為接觸木頭豐富視野。

東京玩具美術館的歷史

1984 年日本兒童藝術教育的代表性專家多田信作以「人類第一個遇見的藝術是玩具吧？」理念，在東京中野藝術教育研究所中，成立了「玩具美術館（おもちゃ美術館）」，希望館中的玩具有四個特徵，分別是「看到」、「借到」、「製作」以及「調查」。在 23 年間，從固力果的盒玩、到世界的傳統玩具、收藏品達 100 國 10 萬個以上。

2012 年協會發行了《東京玩具美術館的挑戰》，以美術館為主軸，闡述了育兒、幼兒教育、社會福利等分類的社會貢獻活動經驗。2013 年舉辦了「世界玩具高峰會」與世界各國的玩具公司、玩具博物館交流，簽訂「玩具和平宣言」。

從 1985 年開始，設立日本 Good Toy 委員會，評選優良玩具，1988 年開辦第一期的「玩具顧問養成講座」，至今的授課內容包括：日本與世界的玩具學、手作玩具理論、玩具開發理論、玩具的人類社會論、醫療與社福的玩具理論、孩童文化的玩具理論、木育玩具理論，搭配認證考試與實踐交流授課。並於 2003 年設立藝術與遊戲創造協會 NPO，2007 年開始「玩具學藝員養成」講座，培養跨世代的美術館解說員。

2008 年美術館搬到新宿四谷第四小學，這小學於 2007 年閉校當時由於學校的校友們不忍校舍被拆掉，因而全校空間得到保留，由協會發起「一口館長」的募資活動來承接空間營運。2010 年開辦移動型玩具美術館，以「木育商隊」形式，展開全國 40 個場所巡迴。

協會也從 2010 年受林野廳（林務局）的委託，在全日本 20 個區域舉辦木育活動，同時在全國 100 個場所中推廣嬰兒的木育廣場。從 2011 開始，協會積極展開「Wood Start（ウッドスタート）」宣言行動，與 100 多個市町村、幼兒園與企業合作，推動地產地銷林業活化計畫，針對地方的需求提供各式木育服務，包括培訓木育種籽講師、地方政府圓桌會議、與地方政府合作在地設計製造的寶寶誕生禮、企業育兒空間改造、圖書館兒童空間設計、長照空間設計等服務。

2012 年協會發行了《東京玩具美術館的挑戰》，以美術館為主軸，闡述了育兒、幼兒教育、社會福利等分類的社會貢獻活動經驗。2013 年舉辦了「世界玩具高峰會」與世界各國的玩具公司、玩具博物館交流，簽訂「玩具和平宣言」讓玩具製造、銷售以及文化事業相關的人可以為世界和平發聲。2015 年與俄羅斯國立玩具博物館簽訂姊妹美術館合作，交流俄羅斯娃娃與日本傳統娃娃。

至今，美術館內有球池區、仿真生態玩具區、世界各國的玩具區、扮家家酒體驗區、益智玩具以及嬰兒遊憩空間，所有的玩具都是木製，也大多用 Made in Japan 的國產材製造的器具。

協會不只醉心於木育，理事長多田千尋長期研究兒童繪本與兒童玩具教育，他的父親一路走來，以木頭為核心，跨足提供十種不同類別的服務支援：跨世代交流、玩具選品、區域遊憩、木育推廣、空間設計、人才育成、高齡者福利、育兒、病童遊樂，以及國際交流。他也認為玩具是世界共識，希望透過玩具來與全世界簽訂「玩具和平宣言」、也與各國的玩具博物館簽訂姊妹館交流，讓我看到一個組織從兒童教育、走到玩具、木育、廢校再生以及地方活化，讓地方與國際的人們都能夠透過玩具更加幸福。

↑ Wood Start 木育推廣行動計畫。
圖片來源：木育ラブ。

↑廢校外觀。

↓→全木製球池
　與擬真生態
　玩具。

↑木製玩具的五感體驗。

↑嬰兒木育廣場。

↑→日本國產材木紋標本與玩具設計獎。

↑←日本各地的玩具。

→↓日式扮家家酒區。

←↑世界的玩具與玩具史。

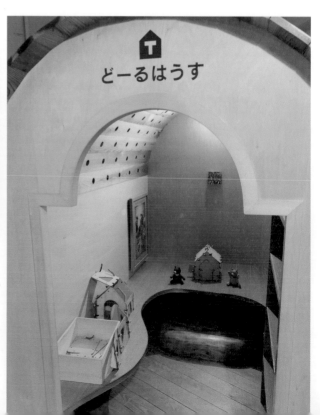

→娃娃屋。

街角社區營造：
從都市社區營造看一場
街區創生的新實驗—「喫茶洗衣店」

東京墨田區的兩國站、森下站周圍是東京的下町老街區，有許多已不再運作的小工廠，以及濃厚懷舊的氛圍，近期悄悄開了間喫茶洗衣店（喫茶ランドリ），由創造系不動產負責此專案總策劃，包括向原屋主提案，聯繫銀行融資，找建築設計事務所改建，找顧問營運管理空間。

對老街注入新的元氣與人的溫度，
也是一種社區創生

在日本空屋率極高的時代，創造系不動產希望扮演活化房產的角色，他的服務包括，透過挑選中古房物件改造街區、改建店鋪，建置新型態找房網站、研究世界各國空間改造案例與經營管理方法、推動建築教育見學，如此一來，這樣的企業能讓日本所有專攻都市計畫、社區營造的年輕人，透過「不動產創生」來解決社會問題，甚至切合日本地方創生的目標，進而促進人口移居與交流。

↑洗衣店門口。

我們談地方創生的目標，會談到人口、工作以及社區創新，而日本在談社區營造，則一定會運用各國營造社區的多樣作法，以社區營造來解決社會問題，讓創新不只是開啟你我新的想像力，而同時也有「創心力」營造一個大家都喜愛的第二個家，喫茶洗衣店就是營造了一個開放自由的空間，打開了東京街道的新歸屬。

↑改造前後照片。

「我們在這一區做了很多調查,這邊有許多移住的小家庭,有主婦洗衣的需求,且附近並沒有咖啡館等交流空間。我們向這棟55年屋齡的屋主提改建案,委託了GROUND LEVEL提案做一樓空間營運。最後成了現在這個『人與人交流的洗衣喝咖啡場所』。店裡跟多數的咖啡店不一樣,這裡沒有任何『請小聲談話,不要影響到其他客人』標語,更沒有『規矩』,因此能夠成為一個真正向大家『開放』的交流空間。」創造系不動產的藤谷顧問談起這樣一個街區交流空間實驗。

問到店中的關鍵人物以及成功的要素,「最一開始,Key Person是主婦店員,我們這邊的洗衣機並非傳統投幣式洗衣機,而是你要先向店員詢問後,才能開始使用洗衣機,此時店員會扮演穿針引線的角色,開始建構街區主婦社群。街區的主婦能自由將家裡洗衣的器材搬來這個空間,從掃具、裁縫機、繪本圖書、到媽媽們自己的手工藝品,形成一個主婦共享經濟空間,在這裡可以舉辦活動、能販售商品,甚至店裡起初是沒有餐點,而是一位主婦提案想再開發咖啡店餐點,我們這才開始有提供用餐。」

「我們比較幸運,開幕沒多久就有電視採訪,且首波行銷採『免費街區咖啡』的噱頭吸引左鄰右舍,平日客源除了主婦之外,還有很多來考察參觀的客人,我們在Facebook、Instagram上也都有持續宣傳,而週末假日則是會舉辦活動,以議題吸引客群。」

這樣一個在住家、工作以外的非正式聚會第三場所「街角的咖啡店」,漸成了「大家的圖書館」、「大家的家事房」、「大家的食

↑街區媽媽儲藏櫃子。

↑洗衣區。

↑寄賣區。

↓改造角落。

↑杯墊與名片。

↑用餐區。

堂」、「大家的小教室」、「大家的家族會議室」……（大家的）共同意識乘載著街區住民的熱情，在冷冽的東京街道上掀起了一陣自由的暖風。

　　創造系不動產未來將繼續向社會街區提案，甚至到千葉縣以「什麼都沒有」為賣點的夷隅市，以地方創生為目標做不動產營造，希望能吸引移居人口。

如何打造成功的第三場所的 8 個條件，提高空間的社會經濟價值

　　日本在做公共建設時，有一個理念是「透過基礎公共建設，可以改變一條街的市容、一個城市的氛圍、甚至是創生社會人文素養與關懷，例如在印度，好的車站系統能傳遞守時的觀念，好的校園公共廁所能提升平等教育。」喫茶洗衣店的營運公司 GROUND LEVEL 提出地面樓層營造（一階づくりはまちつくり）的概念，認為大多數的「硬體 (Hardware)」，舉凡所有建築物和設施的一樓、公園、人行道、河邊、騎樓等公共設施都沒有發揮「軟體 (Software)」的潛力功能，因此他們將扮演「幹件 (Orgware，又稱組織件)」的角色，在生活中研究人、自然和社會內部及相互間

關係，協調那些會影響人心的「結構」、「規則」、「秩序」、「理念」社區營造方法。他們認為透過各式各樣的物理設計，能真正創造出人文交流的場域、最終透過對話能提升「區域價值」，進而促進物質文明、精神文明人類健康。

↓書區。

↑洗衣咖啡店環境。

GROUND LEVEL 的總監大西正紀，提出了在營運喫茶洗衣店時的一些空間營造的要點，特別是如何成功營造第三場所心法，包括：

1. 中立性：個人可以隨心所欲地出入，且不特別要求招待服務，讓所有人員都能舒適地放鬆的。
2. 普遍性：非會員制，任何人都可以進入。
3. 對話性：會話、對話、談話皆很輕鬆愉快，且充滿活力。
4. 協調性：場所非常容易親近，且場所內各式各樣的人彼此協調性高。
5. 接納性：常客對於新訪者的融入性高，一直保持讓人沒有壓力、沒有排他性的空間感
6. 日常性：將日常生活外觀融入在空間設計中。
7. 遊樂性：創造開朗讓大朋友小朋友都能一起遊憩的氣氛。
8. 歸屬感：讓人感覺是第二個家、生活、家族般存在。

我們談地方創生的目標，會談到人口、工作以及社區創新，而日本在談社區營造，則一定會運用各國營造社區的多樣作法，以社區營造來解決社會問題，讓創新不只是開啟你我新的想像力，而同時也有「創心力」營造一個大家都喜愛的第二個家，喫茶洗衣店就是營造了一個開放自由的空間，打開了東京街道的新歸屬。

移居本位主義：
探訪東京移居諮詢中心及故鄉情報手冊

Pamphlet（小冊子）這個詞的起源是 12 世紀時，有一首著名的愛情詩 Pamphilus seu De Amore(《為人人所愛》)，以未裝訂的活頁形式廣為流傳，且受人喜愛，因此大眾便給她取了個別名叫做 pernphilet。之後，所有類似的薄紙小冊子統稱為 pamphilet，最後又簡寫成 pamphlet。

在日本旅遊，時常會看到各車站擺放著五花八門的宣傳小冊子（パンフレット），洋洋灑灑提供很多當地食、衣、住、行、歷史、物產、觀光、交通、甚至當地的工作、托育……等等，厚度從薄薄 4 張摺頁傳單到 45 頁的小冊子，編輯設計的風格多樣，有景點圖、插畫、攝影冊、繪本故事書、魚形的資料夾等表現形式；承載的內容，有些可能是將要與其他單位合併的村落、沒有人煙的小島、因少子高齡化而漸凋零的空間，賣力地宣傳地方特色，希望為旅人所愛。

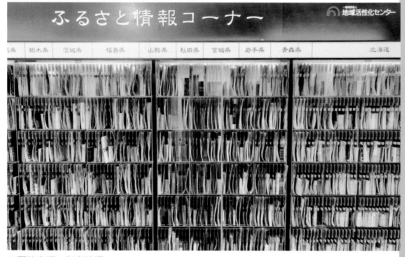

※ 圖片來源：作者拍攝

各地方政府的出版品琳瑯滿目，每一本都像是一位地方業務員，把握住每一位潛在客群，希望能選擇他成為新的居住地。也像是地方政府在首都的櫥窗，展示著遠方的特色，有漂亮的照片、在當地築夢的經驗談、有公務陪伴支援系統、有微居試住體驗，透過設計、編輯等編排方式，重新轉譯了地方移居的政策，同時也打開民眾對「日本島內移民」的想像。

觀光導向的地方手冊，告訴旅人我這地方有什麼不一樣

位在東京日本橋站的一般財團法人地域活性化中心，於 Plaza Building（日本橋プラザビル）一樓經營著「故鄉情報專區（ふるさと情報コーナー）」，展示各地方政府 2600 本地方手冊，另外，每年舉辦一系列與「地方小冊子」有關的活動，包括「故鄉冊子大賞」（ふるさとパンフレット大賞），以及「市區町村人氣手冊前 100」（市区町村人気パンフレットベスト）的活動，選出每年優秀，以及最受歡迎被取閱的手冊。從 2019 年開始主辦單位也不再局限於紙本行銷文宣的評比，而是有影片宣傳的評比。

甫過去 2018 年的故鄉冊子大賞評審為插畫作家南伸坊、日本交通公社 JTB 出版社顧問楓千里、漫才搞笑藝人團體パックンマックン、地域活性化中心常務理事岩崎正敏。得獎名單出爐，大賞是由秋田縣「県勢情報誌 "One and Only JAPAN AKITA"」獲獎，共發行七個語言版本。

←大賞—秋田縣「県勢情報誌 "One and Only JAPAN AKITA"」。圖片來源：美の国あきたネット。

→優秀賞—石川縣小松市「こまつまなび～こまつの文化にふれて～」。

↑ 獲選：福岡縣吉富町「聞かれすぎて慣れました吉富町ってどこ？」。

→ 大分縣竹田市「暮らすように旅する竹田 つくりてのつくるば」。

↑ 天草・宇土半島地域廣域合作事業執行委員会「天草・宇土半島 ワイルド島と男メシ」。

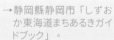

→ 靜岡縣靜岡市「しずおか東海道まちあるきガイドブック」。

↑ 群馬縣嬬戀村「妻との時間をつくる旅 公式ガイドブック」。

← 東京都港區「Minato City Guide and Etiquette 港区観光＆マナーブック」。

↓ 群馬縣沼田市「天空の城下町 真田の里 沼田」。

※ 2018 第 6 回小冊子大賞圖片來源：第 6 回ふるさとパンフレット大賞決定！大賞秋田県。特徴的な地域資源を 7 か国語に。

2017 年獲選的地方，則有旅遊書風格的京都府和束町「和束のいとなみ」、魚形資料夾風格富山縣冰見市「魚々のまち，ひみ。」、繪本風格神奈川縣開成町「かいせいびより」、演員攝影風格熊本縣熊本市「悠久 OLD IS GOLD」、旅遊書風格的東京都青島村「世界が憧れる島」、藝術攝影風格的熊本縣和水町「あなた×和水町」、手繪風格的長野縣青木村「信州あおきむら」，以及旅遊書的福島縣「来て」。

↑ 移居花園門口。

※圖片來源：第 5 回ふるさとパンフレット大賞決定！大賞京都府和束町。テーマは茶源郷！熊本市は南伸坊賞で 2 年連續受賞。

日本島內移居，哪裡最適合？

看完了日本島內的地方手冊內容後，我們是否會想要去拜訪？甚至是到當地體驗短居生活呢？想知道這個答案，就去「一般社團法人移住交流推進機構（JOIN）」的地方內容網路與實體櫥窗找尋吧！距離東京 Plaza Building 約 300 公尺，有一處由日本總務省主辦，委託一般社團法人移住交流推進機構（JOIN）經營的移住交流情報園地（移住交流情報ガーデン），這裡提供日本全國地方移居、地方振興協力隊的諮詢服務，同時也是地

↑ 地域振興協力隊諮詢區。

方政府在東京舉辦說明會免費的場地空間。

為什麼會有這樣的交流機構呢？

我訪問了機構人員，從北海道名寄市公所派遣來的古田由香表示「我們都知道地方創生政策是為了解決高齡少子化、地方人口減少的問題，同時希望振興地方。總務省為此做了調查，發現首都圈 20-30 歲的年輕人中，有半數以上的人有興趣移居地方，然而最後決定不移居的原因，有 3 成是因為沒有相關資訊。因此，總務省開辦此機構，希望讓想移居的民眾，除了透過網站獲取情報外，還能在實體的空間中，交流全國各地方政府的移居配套方案、特色、地方政府說明會、移居體驗、服務等資訊。」

「有些年輕人認為在首都圈工作通勤時間太久、孩子養育的負擔很高，因此萌生移居的想法，但對於到底能搬到哪，在地方能有什麼工作，通常是沒有具體的想法。還曾遇過來諮詢的民眾只表示『想住在看得到海的地方。』接著我們就會與他深聊，看他想從事什麼樣的工作、家庭組成狀況，同時跟他介紹政府有什麼樣的補助政策。」

「我們提供很多服務，網站上有每月更新的訪談與民調特輯、給地方政府自行上架資訊與活動頁面、全日本的工作與空屋檢索，以及地域振興協力隊的交流平台網站。實體方面，

我們主持移居交流和振興地方的實體博覽會、地方政府和社團法人會員的交流會、資訊調查，與顧問、地方講師派遣等服務。」

實際到機構訪問，發現各地方政府的出版品琳瑯滿目，每一本都像是一位在地業務員，把握住每一位潛在客群，希望你選擇他成為新的居住地。也像是地方政府在首都的櫥窗，展示著遠方的特色，有漂亮的照片、在當地築夢的經驗談、有公務陪伴支援系統、有微居試住體驗，透過設計、編輯等編排方式，重新轉譯了地方移居的政策，同時也打開民眾對「日本島內移民」的想像。

←移居花園交流環境。

↑交流櫃檯。

↑地方移居說明會。　　→移居花園各縣市移居說明會。

↑→↓移居文宣區域各種文宣及雜誌。

※圖片來源：作者拍攝。

台灣的島內移民，一個城鎮的吸引力與魅力要不斷地詮釋

回過頭來省思台灣的城市行銷，首先盤點「文宣品」的種類有什麼？要吸引什麼樣的旅人來？摺頁上的資訊是否堪用？現在數位時代紙本是否無法打中目標客群？關鍵績效目標是什麼？要找什麼樣的代言人？要利用怎樣的通路平台、產品、價格、促銷、氛圍、過程應該可以怎麼做？地方的優勢、劣勢、機會、威脅是什麼？競爭者、潛在進入者、替代品、供應商是誰？以及總體的政治、經濟、社會、科技、法律、自然環境是什麼？各部會的競賽計畫中評比的依據是什麼？又是否是用白話文論述，而非文謅謅的政策計畫文宣呢？

日本的品牌綜合研究所（ブランド總合研究所）每年訪問三萬多名日本民眾，製作區域品牌調查報告（地域ブランド調査）。為同類報告中觀察 47 個都道府縣市町村的品牌認知最豐富且知名者。具體評比的項目如下，或許能給台灣縣市鄉鎮在自我診斷時參考：

一、情報認知度

1. 是否有聽聞該縣的情報。
2. 魅力度：很有魅力，有魅力、無感、沒有什麼魅力、完全沒有魅力。
3. 過去一年能接觸到情報的程度。

二、情報接觸網絡

1. 故事系：日劇、電影、動畫、小說、散文、漫畫。
2. 旅行系：旅遊和美食電視節目、旅遊美食導覽手冊、旅遊觀光情報網站。
3. 商品系：網路購物和通路目錄、土產店和特產展、商品行銷活動、百貨公司和超市的廣告及商品。
4. 廣告系：電視和新聞雜誌的廣告、地方政府的網頁與社群網路、海報和傳單。
5. 口碑系：親朋好友。
6. 其他：社會事件和新聞、其他媒體。

三、外界對區域內容的認知

1. 海山川湖等地理的名字。
2. 行政首長（縣市長）。
3. 冠上地名的農林水產品。
4. 區域的地理名稱。
5. 吉祥物。
6. 沒有冠上地名食品以外的商品。
7. 專業的運動隊。
8. 道之驛和農特產品直銷所（道之驛是指由國土交通省登錄認可，設置在一般公路旁、具有休憩與振興地方等綜合功能的道路設施，其作用非常類似高速公路的服務區與休息區等公路設施。）。
9. 區域既有的祭典和活動。
10. 業餘體育隊。
11. 世界遺產和日本遺產。
12. 商業設施和公共設施。
13. 在地美食。
14. 其他。
15. 觀光親善大使和著名的人。
16. 在地偶像。

四、市區町村的印象

1. 歷史文化的城鎮。
2. 環境優美的城鎮。
3. 農林水產豐盛的城鎮。
4. 學術藝術的城鎮。
5. 有設計品味的城鎮。
6. 在地產業豐富的城鎮。

7. 觀光遊憩的城鎮。

8. 公民參與的城鎮。

9. 資訊與先進科技的城鎮。

10. 運動的城鎮。

11. 教育與育兒的城鎮。

12. 生活便利且舒適的城鎮。

13. 國際交流的城鎮。

14. 健康與醫療社福的城鎮。

五、對區域資源的評價

1. 自然資源：山川海湖自然環境、溫泉與休閒設施、公園。

2. 歷史資源：傳統工藝、祭典和活動、歷史街區和建築物、歷史人物與有名的職人、傳統資源。

3. 器物資源：博物館、美術館、特產和在地產品、商店街、在地食材、有名的企業與中堅產業。

4. 服務資源：參與運動觀看運動、美食、交通與道路、旅宿設施、款待的心。

六、城鎮訪問經驗

1. 來訪：遊樂觀光、參加運動比賽、參加藝術活動、參加美食活動、參加祭典活動、出差、拜訪親朋好友。

2. 生活：醫療社福、購物、飲食、興趣、娛樂。

3. 居住：通勤、通學、定居、第二居住地。

4. 其他：經過、轉乘與其他。

七、移動的意向：

1. 居住的意向：非常想住、很想住、想住、還好、不想住。

2. 觀光意向：一定會去、有機會的話想去、沒感覺、完全不想去。

八、產品評比

1. 產品購買慾望：實際表達想買的在地產品。

2. 回憶程度：只有食品、還是有其他食品以外的東西。

九、居民愛護程度：在地居民們對故鄉的愛護程度與自豪程度

十、故鄉納稅：是否有具有在地特色的回饋品

面對問題，我們可以馬上直指核心，但不能馬上改變本質；但我相信我們可以創造形式、改變氛圍，最終讓大家一起投入，結構就會慢慢產生質變，這是一個令人期待的化學反應，你要一起嗎？

地表最強營隊：
替冷清的世界文化遺產製作一個
整合地方媒體行銷

「**地**方創生實踐塾」活動，旨在找外部的人前進第一線，為地方政府解決問題。換言之，由活性化中心主導，接受地方政府的委託，一起針對地方遇到的課題，找出相對應的解方，並邀請相關的專家合作，到當地舉辦實踐營，招募對議題有興趣的人參與。這一次的活動，在群馬縣富岡市舉辦。

為喚起地方的共鳴與共感，對於參與社會意識較高的讀者來說，挑選地方集體潛在的 SOS 課題，是切入地方的一種方法。

↑ 群馬縣富岡市公所。

↑富岡車站。

富岡困境：世界文化遺產，無法發揮預期效益

富岡市最大的特色，就在於擁有日本創立於 1852 年、最早的繅絲工廠「富岡製絲場」、絲綢產業遺產群，以及隈研吾建築師設計的市公所；並受到聯合國教科文組織認定為「世界文化遺產」。

我們使用的場地正是在世界遺產的建築物內，活動一開始先由富岡市公所講解他們遇到的困境──在花費 11 年的時間，好不容易獲得「世界文化遺產」的殊榮後，卻遇到了不少衍伸課題：除了剛開始的兩年有大量旅客之外，其後的觀光人數卻逐年減少、觀光外溢、經濟效果有限、觀光客為街道帶來混亂、飲食商店不足、公共利益沒有分配給當地居民等。

因此，活性化中心邀請日本最大的地方創生展 Inspire 負責人谷中修吾作為活動總教練，為富岡對症下藥，另外邀請客座講師──日本最大移居雜誌《TURNS》的製作人堀口正裕，以及日本首間 Google 地圖環繞攝影認證的 BRIDDI 負責人加藤健輔，帶領 30 位來自日本各地的政府行政人員、NGO 組織負責人、自由攝影師、金融負責人等參加者，在兩天一夜內，分組共同企劃實作一組行銷富岡的一頁式網站。

社區營造的宣傳與行銷技法

谷中老師講述宣傳地區的媒體創意基礎知識，宣傳的形式包括網站、報章雜誌、影片、廣播以及活動。而一個好的數位資訊有四種表現技術，分別是文案、影片、圖像與聲音，網站製作的分工要有負責企劃與營運的製

↑世界遺產富岡製絲廠。

→富岡製絲廠宣傳品。

作人、負責演出的導演、負責設計拍照與錄音的工作人員，當然也要有作為主體的出演者，關鍵是製造出「看得到的氛圍」和「認知的連動」──這時就要善用 Google 地圖街景、Google 商店、空拍機等技術，讓旅人從上網查資訊時，就已經在認識地方了。

同時，每個小組在企劃網站內容時，務必落實以下 7 個步驟：

1. 到城鎮現場「散步」。
2. 邊散步邊發想企劃「主題概念」，走走想想是否有突如其來的點子、街道上的人事物的價值。
3. 企劃主題概念，接著決定具體的企劃「內容」。
4. 針對個別的內容進行「訪談與攝影」。
5. 「編輯」訪談和攝影素材，製作粗略的設計。
6. 以編輯過後的初稿為基礎，選定「文案」與「照片影片」。
7. 將設計初稿與素材「併入融合」。

↑網站編輯工作坊進行中。

↑ 分組討論時間。

具體來說發想企劃時應跳脫框架，例如：做歷史文化主題活動時，跳脫出靜態的展覽會，改為親子武士合戰；高齡照護主題活動，跳脫一直以來登山健走的活動，改為輔導爺爺組搖滾樂團。另外，宣傳的程序首先要依據算分配的額度製作內容、設定目標客群、再來測量宣傳的效果，再反過來調整內容。

堀口老師從製作《TURNS》雜誌的經驗中，去蕪存菁地提出在蒐集、編輯地方內容時的關鍵：

1. 提出問題意識

為喚起地方的共鳴與共感，對於參與社會意識較高的讀者來說，挑選地方集體潛在的SOS課題，是切入地方的一方法。例如：人口減少、農業產業文化的工作者不足、社區營造和地方企業的人才不足。

2. 找出具有地方特色的受訪者與地方資訊發信人，將他解除封印

為找出同樣關心地方、有相同價值觀基準的地方人士，應挖掘出移居地方的前輩、地方協力隊、社區營造組織，以及創業家等關鍵指標人物、意見領袖或是相關據點。例如：在新的移居者據點內採訪地方前輩。

3. 從貢獻地方的角度挖掘新英雄

隨著第六級產業、地方IT創業者漸增，投入智慧能源、永續林業等社區貢獻者與有高社會意識的年輕人受到關注，應順著社會貢獻的脈絡，將這些地方實踐人士找出來，讓他們的故事被更多人看到。例如：小水力發電能源再生社區、郡上能源。

4. 放入價值觀的比較表，點出都市和鄉村的不一樣

對讀者來說，他們最想知道進到地方可以獲得什麼、必須捨棄什麼，也就是都市與鄉下的「價值收支」，讀者最在意的是金錢面與生活制度面的收支都能滿足。例如：在東京能陪孩子的時間，與在地方能陪孩子的時間。

5. 從外人的視角出發，讓平凡不平凡

為了營造更吸引旅人來訪的內容，必須要用外人、甚至是外國人的視角出發，才有辦法一直創造出新的宣傳可能性。例如：里山Experience的主打外國人客群。

6. 減法原則，為讀者挑選好的內容

面對地方的特色，並不是一口氣全部拿出來，就會成為吸引人的文宣，就如同什麼都有的便當也不會有重點，自顧自地攤開政府所有補助制度文宣，也不是很好的政策宣傳，因此應注重減法宣傳的魅力。例如：島根縣的離島海士町很巧妙地運用「沒有東西沒有」宣言，來闡述其實小小離島上什麼都有。

7. 要將「讀者所想」表現出來

對讀者來說，移居是一個自我實現的手段過程，而非目的，因此即使行銷的目的是提高地方的吸引力，也盡量要滿足讀者的慾望，用以強化地方性。例如：「想要」住在每天可以

衝浪的地方、「想要」在海島上開咖啡店、「想要」在土地上陪孩子度過童年。

8. 要營造「有對比」的故事

如何讓不同類型的讀者同樣有感，需運用對比的敘事方法。例如：低成本的時尚、名人住的樸素、都市屋頂上的田、一開始想要馬上回東京但現在喜歡鄉土。另外，領域差距越大越吸引人，例如豐饒里山裡的資訊產業、準備10萬元便可駛動背包客棧創業、從都市中心到小島的活版印刷工坊、在都市與鄉村工作能陪伴孩子的時間等等。

9. 照片的拍攝重點為「日常感」

為傳達地方的空氣感，在拍攝人物時一定要講求自然，例如：邊聊天邊拍，不要提示「要拍照囉」。版面配置可以圖大，留白，視覺動線需強調地方的生活感。

從創生塾的細節安排，看地方特色

兩天一夜的創生塾活動行程，包括課程、實地導覽考察、分組討論的工作坊、交流晚宴，以及最終的網站發表會。活動富岡市的承辦公務人員皆全程參與，除此之外市長也擔任發表會的評論人之一。

1. 近身五感體驗在地特色

在聽完建構網站企劃的基礎知識後，活動的午餐是採購群馬有名的便當，可以藉機觀察地方便當如何建立其品牌，一是上州御用鳥めし本舖登利平，另一家是かつみ工房，便當的資訊同樣都能在網路上快速查閱。各組討論與報告希望著手進行的主題，接著，由導覽員帶大家到製絲場內參觀，讓學員們能夠撰寫歷史故事、拍攝素材。

↑ 編輯照片素材。

↑富岡製絲廠內部。 ※ 圖／謝子涵提供。

↑活動大合照與空拍隊。

　　而我參加空拍攝影隊，與團隊到富岡市的道之驛，看看有什麼在地農特產品、地方日本酒、伴手禮，也到河川、稻田、國家指定重要文化遺產妙義神社空拍神社全景。

2. 活用公共場地，傳遞空間新價值

　　兩天的活動主場分別在富岡製絲廠以及富岡市公所，新的市公所於 2017 年完工，牆壁上裝飾著蠶絲，欲傳達出地方特色，大部分

↑富岡市公所。

的空間都屬於市民，讓大家都能親近的行政中心。

「若能在這樣的環境裡工作，一定有辦法想出行政革新做法和改變。」大家都對公所承辦人員投以羨慕的眼光。「有好的公共設施，像是車站、公共廁所、親水公園、活動中心，會對人的生活習慣產生影響，整體氛圍也會漸漸有所改變。」藉由可親的行政設施，來打破官民之間的界線，同時也能更加落實公私合作、雙向溝通、區域營造的可能性。

3. 隨時交換意見、困難點與活動收穫

由於參加者多來自不一樣的地區與背景，因此在這個短時間企劃網頁的過程中，除了思維上會有分歧之外，帶討論的習慣和團隊溝通的默契也是一大學習。發表會前的時間，進行一段小組檢討的作業，讓每個學員討論彼此的收穫，包括情報蒐集的方法，必須下田野實際去聊、富岡市的問題，也是要各方徵詢相關看法並整理、資訊宣傳的關鍵因素在於一開始設定吸引人的故事主題。

富岡世界遺產，與傳說中的七條「絲綢之路」巡禮

創生塾的成果網站——「TOMIOKA WALKER」收錄 7 組學員企劃的成果，展示出 7 大不為人知的富岡旅遊主題，每一頁面也搭配了 360 度環景攝影，分別是：

「浪漫的街道——幸福的紅色物語」，挖掘富岡市內所有跟紅色有關的人事物，主打戀人行程。

「令人發笑的富岡」發現富岡的在地名產命名的小趣味。

「時間旅行——巷弄裡的 150 年」探索街道巷弄中不同時代風格的建築物。

「不平凡的街道——你就這樣回去了嗎」訪談散發昭和感的玉子燒店、爺爺酒吧與天皇的御廚食文化研究家。

「女工的今昔物語，地方百年之愛」深度探訪百年和菓子店，講述今昔紡織產業從業者的變化。

「遇見富岡人」採訪倉庫改造市場、地方新聞社以及百年和服店。

「寂靜富饒之丘」捕捉了富岡靜謐的美。

網站同時也附上富岡市公所的聯絡方式，活動成果即成為一個行銷觀光的網站，一舉兩得。同時，活動的參與者也成了富岡市另類的關係人口，我們一群外地人甚至是我身為外國人，一起在認識城市的當下，也與地方政府和組織秉持著真心話在交流，最後反饋出來的，是面對城市的新發現，而且成果全部成了新的行銷元素。日本這樣揉合內部困境與外部觀點的實踐活動，跳脫出在行銷上「原地踏步」的視角以及「大家都已經嘗試過的困境」，值得我們借鏡。

日本《地域活性化》用語集中定義廣義的地方創生（Regional Revitalization）是活用在地特色創造自律且有永續性的地方，狹義的解釋人口增加或人口不要減少。而地域活性化（Regional Vitalization）則是讓顧客覺得地方有價值，有資源流入。

第3篇

在地方之外的努力

國家制度創生：
日本地方行政活化政策與三支箭

在我訪問學習的政策研究院大學有七成外國人、三成日本人，絕大多是地方的公務員，問他們為什麼想要進修，「我想要復興家鄉，讓世界看到我們不一樣了，我們站起來了。」

而我實習的財團法人地方活性化中心有來自全國的公務員及退休行政傳道師，「地方創生是公務人員的時代來臨了，我們可以發揮創意提案，找很多社會上各行各業的人加入，一起打造我們想要住的地方，想要追求的生活。」這是日本在響應地方創生戰略時的態度，也是我最印象深刻的話語。

初訪日本內閣府地方創生推動事務本部，辦公室裡貼滿了日本全國各地閃亮亮的宣傳照片。「這次的地方創生交付金是檢討日本『看不到效果』的補助金制度，以及討論出稅金使用方法。」接受訪談的參事這樣說著。

若用白話文形容日本地方創生就是——地方人留下來、腦袋進來、數位真善美軟硬體進來、錢進來、多元旅人進來，永續模式出去聯合國，大家一起活到老學到老，和金孫一起發大財。

地方復興的新模式再考，或可遠溯自 2011 年所發生的東日本大地震，全國各界開始展開賑災工程，多數地方政府是連悲傷痛苦掉眼淚的時間都沒有，就必須馬上著手打造新家園。可說是接受危機為轉機、復興國家的新契機。2011 年 5 月，前岩手縣縣長、前總務省大臣增田寬也作為總召集人，找了經濟界、勞動界代表與學者，發起了「日本創成會議」，希望以民間的立場來推日本宏觀且長期的政策建言。

讓中心城市和鄰近的市町村相互分擔責任，希望透過合作，確保整個區域必要的生活機能，形成地方生活圈甚至是定居人口的培養皿。強化區域圈的生活機能分工，並完善交流網絡的管理。

在記者會中,他表示要在復興的過程中重新審視所有「既得權力和陳舊弊端」。同年的第一期政策建言就是「能源創成」、隔年 2012 年第二期發表了「地域開國:國際都市創成」建言。2014 年則是在會議中的人口減少問題檢討分會中,發表了「可能消滅都市（增田レポート）」報告書,指出日本在 2040 年後,由於人口減少、年輕女性（20-39 歲）人口往都市移動,全日本有 896 個市町村可能會消滅,出版了《地方消滅（地方消滅——東京一極集中招人口急減）》一書,並於 2015 年提出「停止少子化、地方元氣戰略」。

面臨這樣少子高齡化的時代,為避免人口與資源過度集中在東京,日本於 2014 年安倍內閣回應了社會的辯論,提出地方創生政策（まち・ひと・しごと創生）,旨在倚重多元官僚人才的領導力量,吸引人回流到地方,提升地方產業經濟活力、改革生產力、解決人口減少問題,貫徹「地方版安倍經濟學（ローカル・アベノミクス）」,促進地方民間投資,並活絡地方經濟圈。同時,為即將到來的 2019 大阪 G20 高峰會、2020 東京奧運、2025 大阪世界萬國博覽會等世界盛事中,一展日本創新永續治理的成果。

日本地方創生時期的行政改革

從行政改革面來看,若回顧日本戰後的地方行政和地方活化的沿革,從首次地方首長選舉到地方創生時期,已歷經 70 多年,日本一直面臨不同時空背景中央與地方行政區域合

● 日本戰後的地方行政和地方活化的沿革

年代	時期區分	地方自治的事務
1947	開始	首次地方首長選舉、施行日本國憲法・地方自治法
～1950年	創設期	實施地方財政法・地方稅法（1947）、夏普勸告（Carl Sumner Shoup）使節團日本稅制報告書（1949）、創設地方財政平衡交付金制度（1950）、實施地方公務員法（1951）
1950年代	修正期	昭和大合併（1953～61）、創設地方交付稅制度（1954）、實施地方財政再建特別措置法（1955）、創設指定都市制度（1956）
1960～75年期間	扎根・發展期	設置自治省（1960）、全國綜合開發計畫（據點開發方式）（1962）、實施合併特例法（1965）、創設新全總・廣域市町村圈（1969）、過疏對策立法（1970）、社區（コミュニティ）政策（1971）
1975年～90年代	成熟・轉換期	地方財源不足（1975～）、三全總（1977）、四全總（1987）、故鄉創生（ふるさと創生）事業（1988～）、重新評估行政改革・國與地方的關係
1990年代後半～2010年代	分權推動期	政治改革（1994）、合併特例法一部改正・地方分權推進法（1995）、地方分權一括法（1999成立、2000施行）、中央省廳改革（2001）、推動市町村合併（1999～2010）、三位一體改革（2003～06）、推動地方行政改革（2005～）、地方公共團體財政健全化法（2007）、第二次地方分權改革（2007～）、政權交替・地域主權改革（2009～）
2010年～	地方創生期	設置國與地方的協議會（国と地方の協議の場）（2011）、地方分權一括法（2011～）、導入分權改革提案募集方式（2014）、開始定住自立圈・地域振興協力隊・導入故鄉納稅（2009）、開始合作中樞都市圈（2014）、日本創成會議提出建言（「消滅可能性都市」）、設置地方創生擔當大臣、「城鎮・人口・工作創生法」・同長期願景與綜合戰略（2014）・地方版人口願景與綜合戰略（2015～）、地域大學振興法（2018）自治體戰略2040構想研究會報告（2018）

※ 資料來源:高田寬文教授〈地方創生の第 2 ステージに向けて〉簡報。

作的挑戰。

其中從 2009 年開始的定居自立圈（定住自立）方案計畫。背景是認為大城市圈、地方圈、都市和農山漁村必須分工合作、相互扶持、共同發展。且在全國人口減少的情況下，必須防止人口持續往東京移入。日本認為市町村的行政區劃分未必與居民的生活實際情況相符合，有不少區域劃分並不合理。再加上市町村的教育、福利、文化等公共服務「全套主義（フルセット主義）」已不敷需求。

這樣的方案意義是讓中心城市和鄰近的市町村相互分擔責任，希望透過合作，確保整個區域必要的生活機能，形成地方生活圈甚至是定居人口的培養皿。強化區域圈的生活機能分工，並完善交流網絡的管理。

定居自立圈方案的申請手續是由一個中心城市發表宣言，接著由中心城市一對一與鄰近的市町村締結「定居自立圈形成」協定，並由議會決議，接著自立圈要策劃共生願景，包括區域未來的願景和具體合作事項。形成有別於以往縣市合併龐大繁瑣的陣痛期，轉換為較為簡單、靈活、彈性、階段性、且邁向市町村能自主、自發的目標邁進。各城市合作的議題領域包括醫療、社會福利、教育、產業、環境、區域公共交通、資通訊基礎設施、地產地銷、交流移居、研修與人事交流、共同招聘外部專家。

到了 2014 年地方活化政策持續加碼回應「地方消滅」論調，包括設置地方創生擔當大臣、訂定「城鎮人工作創生法」、設定國家戰略特區鬆綁法規來營造良善的環境。中央訂定

※ 圖片來源：閣府地方創生推進事務局，まち・ひと・しごと創生基本方針 2018 について。

的地方創生戰略目標，接著要求所有地方政府提出相對應的「地方版綜合戰略計劃（まち‧ひと‧しごと創生總合事業）」、「地方人口 Vision（人口ビジョン）」。

政策包括以訂定相關法律、設定國家戰略特區鬆綁法規來營造良善的環境。中央訂定的地方創生戰略目標，接著要求所有地方政府提出相對應的「地方版綜合戰略計劃」，過程中必須盤點調查居民的需求、分析所有市町村的人口願景，以及產業的挑戰與機會，再提出符合地方需求的解方，透過爭取地方創生補助金獲得建設地方的資源。而補助金計畫撰寫需導入設定計畫 KPI（Key Performance Indicator 關鍵績效指標），以及 PDCA（Plan-Do-Check-Act 績效管理循環）年度政策績效改善制度，確保政策的永續性。

換言之，若從我研究外交政策的學科背景看日本地方創生，我會認為從國際因素、國內因素以及領導人因素來看，日本國內必須面對人少、人老、外國人多土地多的「國土規劃」議題，以及內閣改造包含行政、補助金制度以及公務人才支援等制度革新；國際則是要面對接下來幾年藉由舉辦國際盛事，重新調整國內體質，讓先進科技與永續發展觀念落實在每一個日本城市，不只是觀光立國而已，而是永續的影響力，讓日本在亞洲、在世界能維持「問題解決」型大國。

台灣人才消滅論？企業留不住員工、政府留不住官僚

爬梳攸關台灣國安的人口課題，特別是人才外流問題，台灣有什麼樣的舞台優勢，讓年輕人願意留在台灣實踐理想？很多政策政府都已經在推動了，然而吸引號召企業與官僚一同投入的動機是什麼？成效又該如何檢視？政府的政策產品要如何行銷給全台人民，讓人民買單？

政治舞台就像是一個交易市場，從供給和需求來看，供給者是政治人物、黨派和官僚，需求者是選民與納稅人，而政治產品則是公共利益。從此一角度切入來看，在公共選擇理論中認為，人類是追求自我利益極大化的個人，對於公共政策的設計與執行，認為引進市場機制，比劃政府端出來的政策牛肉，透過民營化、簽約外包、績效獎金薪俸等手段，加強官僚體系競爭，追求政府最大效率。

為了解決怎麼樣的社會問題，而產生什麼樣的政策，日本地方創生政策，為了就是希望藉由制度設計，鬆綁僵化的官僚行政體系，並放手讓公務員主導策畫在地政策。期許公務人員扮演振興地方經濟的關鍵領導角色，進而解決人口問題，包含少子高齡與人口外移。因此透過地方創生三支箭的政策工具實踐的過程，考驗的不只是中央政府，還有地方政府的執行力。而這樣的責任，並不是全由政黨或政治人物承擔，應是由上引領，由下一同合作執行，公民、政府、企業缺一不可，細分到產業、官僚、研究機關、金融機構、勞動者、與媒體也缺一不可。

日本地方創生三支箭

日本地方創生政策射出三支箭，第一支箭，是情報網站 RESAS（Regional Economy Society Analyzing System）地方經濟分析系統，提供情報資訊與社群服務，包括全日本各地開放資料 API（Application Programming

Interface），像是人口結構（自然人口、社會人口增減、就職求學人口、未來人口推估）、地區經濟循環（生產、分配、支出及勞動生產力）、產業構造、企業活動（情報、海外拓展、研究開發）、觀光（國內外旅客組成、旅宿設施）、道路公共建設、雇用及醫療福利以及地方財政等數據，皆能用圖示的方式查詢。

再來是舉辦程式政策大賽、地方創生RESAS 資料運用論壇以及地方創生 Open Data 黑客松，藉由競賽及座談的形式，達成地方經濟資料的運用，以及地方創意政策發想，同時將所有發表錄影上網，作為日後教育推廣與紀錄。以辦活動作為行銷政策的手段，本質上還是希望能達成政策目標，將政府外包產出的資料內容，回饋於公民公民應用。

第二支箭為地方創生人才培育，日本政府認為人才育成制度不只是計畫發包，且培育對象應以地方公務人員為中心，實體人力訓用資源包括：

1. 地方傳道師：羅列出地方產業專家名單，補助各地方政府及團體向傳道師諮詢，過程中公開每一次的地方諮詢報告，從中不斷共享地方遇到的課題、解方與未來方針，同時，盤點各領域專家，以觀光交流、地方農工商產業創新合作、地方社區營造、地方交通與資通訊傳播、地方醫療社福教育、環境以及農林水等產業為分類。2017年共計 364 位專家登錄名單，實地派遣 13 名傳道師至日本 15 個區域，希望創造地方更多工作機會並活絡地方人才交流。

2. 地方窗口平台及人才支援制度：地方窗口平台是一個全日本地方創生承辦人網頁，希望藉此讓地方公共團體皆能快速找到府、省、廳共 976 名承辦人，作為全國地方綜合戰略施政的實體入口，並提供活用教學手冊，做縝密的政策溝通橋樑，讓民眾能一目了然。人才支援制度將相關人才（如公務員、大學研究員、民間專家等）派遣至 5 萬人以下的市町村 1 至 2 年，這些人才 1 年將召開 4 次的全國派遣幹部會議，適時交流政策成效。

3. 地方振興協力隊：為維持地方的人力，地方政府提供 1 至 3 年的專案，提供 14 萬元以上的月薪與相關業務費，招募外部人才來擔任公所的約聘人員協助振興地方，希望協力隊的人才資源能在專案結束後定居地方。協力隊的政策意義是「想離開城市生活」、「想參與地區振興」的都市人，往人口少和高齡化等發展明顯的地區生活，進行各種各樣的地域合作活動。透過引進區域外的人才，謀求定居、遷戶籍，滿足有積極熱情的都市居民需求，同時力圖維持、強化地區的力量。地域振興協力隊的合作社區規劃師山崎亮就曾經說過「住在地區的人們的日常生活一直延續著。從那裡很難產生出新的合作方案。如果地域振興合作隊能從外部前往地域，創造出恰當的契機，讓住在地域的人們開始致力於新的事。更重要的是，儘管如此，地域的日常生活還是要延續下去。地域振興合作隊，與住在地域的人們一邊討論『到什麼時候』、『做什麼』、『用怎樣的方法』合作，一邊推動活動，這過程是更重要的。」至今地域振興協力隊的實績，目標 2024 年 8000 人，根據總務省 2017 年的調查，在 546 個不同的地方政府的 2230 人中，約有 3/4 是 20 歲到 30 歲，男性佔六成，在任務結束後有 48% 隊員選擇在當地定居，而有 14% 是在鄰近的區域定居。定

居的 1075 人當中，有 29% 創業（飲食業、零售、住宿等）、47% 就業（觀光、社區營造支援）14% 從事農業。

4. 網路平台與資源：除實體資源之外，日本以地方創生大學計畫，在網路上提供人才百堂網路課程，內容包括地方官民合作，戰略制定管理、公共政策、共生社會、文化經濟、地方自治財政、非營利組織、觀光資源、企業組織等方面全盤了解地方治理，換言之，這樣的網站成了地方創生的數位知識庫，供所有關係人隨時學習。再來是地區專業人才戰略入口網，全國各地中小企業實體支援中心一起提供網實合一的陪伴服務。最後是地方創生實習平台提供大學及地方公共團體刊登媒合實習資訊。

第三支箭是財政支援，包括地方創生交付金，企業版故鄉納稅，以及強化地方據點稅制。

2007 年時任總務大臣的菅義偉提出，許多人在自己出生的故鄉接受醫療和教育等服務成長，然而在升學與就業後，漸漸將生活重心轉往都市，並在都市裡納稅，而出生成長的故鄉並沒有獲得更多稅收。因此即使現在住在都市，若能以自己的心意透過稅制為家鄉貢獻也是好事一樁。

民眾可以向地方政府捐贈「故鄉納稅」，通過向地方自治體「捐款（繳稅）」，除「2,000 日元自付款」外，其餘捐款項將作抵扣該年應繳稅金，順帶還拿到地方的回贈好禮，透過稅制可以為家鄉做貢獻。

除了故鄉納稅之外，也新增了企業版故

鄉納稅制是讓企業投資地方可抵稅，由地方政府與公共團體共同訂定地方綜合戰略，並配套地方再生計畫，經由內閣府核定計劃後，企業可藉由提供計畫所需的資金，進而減免國家法人稅、地方法人住民稅與法人事業稅。強化地方稅制，則是針對當東京的企業欲移轉至地方投資事務所時，給予企業設備投資折抵，以及新進人員僱用減稅措施，種種財政措施都是為了達成平衡國土，政府與企業一同促進地方發展。

除了三支箭之外，地方創生政策輔以特區戰略，包括規劃國家戰略特區、綜合特區及構造改革特區。只要地方政府主動向內閣府提案，便能在特區內進行法規、財政金融等制度支援，用以突破現行有礙經濟發展、窒礙難行的法規，實踐結構改革，集中政策資源，打造好振興地方經濟的軟硬體，共創公民想過的生活。

在組織改造面，跨部會的相關政策還有組織搬遷改造（中央相關行政機關搬遷、增設、整併至地方）、永續發展（選出環境都市、未來環境都市、SDGs 未來都市）、法規鬆綁（國家戰略特區、綜合特區、構造改革特區），以及總務省（總務省定住自立圈、關係人口、故鄉營造大賞、移居交流）政策工具。可說是解放政策想像力與執行能力，巧妙平衡了上層資源分配，並且讓很多事情和政策都有修正機會。

日本地方創生補助金與往年補助金制度之差異

日本在推行地方創生政策前，有「故鄉創生」政策，提供一億元給地方政府做建設，然而效果有限，沒有「可經得起檢驗」的成果，

也無制定「政策評價」機制，遭到許多批判－因此，稅金到底該如何有效率地被使用，便成了現行地方創生補助金政策的關鍵，申請的經費由地方政府出一半，中央政府出資另一半。

日本地方創生交付金，是「有目的」的地方補助金，是地方發展產業的銀彈，由地方政府與公共團體自主申請，以中央政府的「地方創生戰略」為目標藍本，提出相對應的地方版地方創生目標。透過設定計畫KPI，以及PDCA年度政策績效改善制度，依計畫成效逐年提撥補助金，以推動地方永續經營為前提目標，同時也視地方執行成效來逐年反饋給中央，中央會依整體狀況全盤做政策調整。

在提案時，日本政府整理出訂定一個成功的KPI計畫必須要有的「驅動要素」，分別是：

1. 自立性

在申請補助時，要確保計畫是「能賺錢的」，換言之，不依靠補助也能活下去的計畫，有「價值」的企劃才是符合自立性的提案。像是長良川流域觀光推進協會，由岐阜縣、岐阜市、關市、美濃市、郡上市的相關行政、觀光團體組成，一起挖掘長良川流域的「觀光內容」，攜手當地DMO（目的性營銷組織 Destination Management Organization 精通當地觀光資源，包括景點、自然、食文化、藝術、風俗習慣、藝能的地方法人），一起「推銷」，推銷的手法包括人員行銷、廣告、促銷活動、直效營銷及公共關係，他們推動「舞妓列車」、「地酒列車」主題鐵道旅遊與「漁舟旅遊」，希望振興地方觀光產業。KPI包括使用當地付費觀光設施的旅客數量、旅宿設施新企劃商品數量、新的額外付費旅遊商品數量、訪問兩個以上長良川流域地區比率。

2. 官民聯合製作

政府的角色並不只是用「看」的方式與地方公共團體合作，而是一起投身參與製作，且透過公私合作挖掘民間更多投資。舉例來說，早稻田大學的都市地方研究所與岩手縣雫石町內的利益關係者（stakeholder 像是照護機構、建築事務所、物產企業、福利機構等）組織一個「綜合計劃推進示範計畫檢討委員會」，依照當地待檢討的社會問題盤點結果，提出了新的CCRC（Continuing Care Retirement Community）計劃，希望能活用「小岩井農場」旁14公頃的町有地、同時提供多項服務，包括「身障者活動中心與農業活用就業設施」、「讓高齡者安心住的高齡者住宅」、「跨世代多功能圖書館和能交流的咖啡餐廳」、「地方產材、農業和地方能源等地方資源活化的環境共生企業」。KPI設定為移居諮詢人數、移居體驗活動參加人數，以及經過諮詢後移居的人數。

福井縣的鯖江市是眼鏡、纖維、漆器的產地，甚至被稱為「眼鏡聖地」。由政府協助媒合補助相關企業研究技術，企業則響應政府開發新商品與醫療器材技術，如此一來地區內的企業除了更容易「被看到」之外，更有機會成功創造出跨業種的創新產業。KPI設定包括：醫療器材海外試驗採用件數、醫療器材訂單交易額、可穿戴式機器技術洽談件數、東京與鯖江的眼鏡直銷店來店者數量。

宮崎縣高鍋町的「設計計畫」，由高鍋町與高鍋信用銀行簽訂合作協定，並與信用中央金庫及日本設計振興會，有錢出錢，有設計出設計，形成非常明確的官民行銷分工。KPI設定為新設計產品數、銷售成長額、新僱用人數以及新通路數量。

3. 跨地區合作

申請計畫時，盡量與企劃內容有關或鄰近地方政府合作，廣泛發揮彼此長處。像是山形縣寒河江市與朝日町，一起提出以戰略農作物為核心的成長循環計畫，希望能合力解決彼此面對高齡化人手不足的課題，一同振興地方農業。其設定的 KPI 包括：成立出口海外組織、成立六級產業推動組織，也就是傳統一級農業，向二級農產品加工，以及農業服務業三級產業，藉以延伸其附加價值、提升外國觀光客數量，以及增加栽培面積與輸出量。若更細看 KPI，還有分綜合成效（Outcome），目標是提高農產量與外國觀光客數量，計畫施行後紅秀峰櫻桃的生產量、出口數量，以及採摘櫻桃的遊客數；而產出（Output）則是栽培面積、生產者支援者數量、精通海外市場的人才育成數量、紅秀峰櫻桃的認知度、採摘櫻桃觀光的認知度，以及入境觀光活動的參加者數量。

佐賀縣觀光企劃結合當地觀光 DMO、食文化、傳統產品等觀光內容，運用 LINE 和網站等工具，並整合縣內所有周遊工具，強化當地所有觀光相關團體企業的知能。KPI 為外國旅客住宿人數、日本本地觀光客住宿人數。

4. 跨政策間合作

不只是單一個政策目的為出發點，而是通盤來看，發揮地方創生相關的政策效果，並整備滿足利用者的需求。新瀉縣上越市欲打造一個商業城鎮，利用當地高田地區兩棟百年建築料理亭和電影院發展歷史文化街道再生的觀光，同時結合了產業振興政策，與首都圈的 IT（Information Technology）企業衛星辦公室，一起合作將地方空屋改建為共享空間（Share house），並進行市場導向的社會實驗，促進定居人口成長。KPI 設定為空屋活用數、街區集客人數、百年建築來客數，以及街區平日與假日步行人數。

5. 計畫的推動主體明確

為了形成有效以及可持續的推動計畫，在眾多利害關係人中，必須要有一個具領導力的計畫推動主體，確保計畫有能力被實施。長野縣的振興信州酒谷 NAGANO WINE 計畫，是一個從栽培、釀造、到販賣的一貫計畫，由地方相關團體、市町村組成推動合作會議，地方的中心人物（Key Man）主導協調合作，向國內餐廳行銷，並成為海外貴賓桌上的貴賓酒。KPI 第一年為縣內酒的釀造量以及酒廠數量，後增加酒的販售量、相關商品販售量以及酒廠觀光人數。

擁有 3,000 多家製造業與服務業的岡山縣津山市，成立產業支援中心，與當地美作大學、津山高專、金融機關及商工會議等單位合作，協助企業提高產業附加價值、企業媒合、強化行銷、創設地方品牌 MADE IN TSUYAMA，希望找回地方企業的元氣。KPI 為新產品開發件數、企業支援諮詢件數，以及支援企業的營業額提升量。

6. 確保培育地方創生人才

地方創生計畫推動過程中，要確保能培育地方人才，育成後的人才無論是在當地定居或是自行創業，都盡量要繼續有培育新人才的好循環。

長野縣岡谷市、諏訪市、茅野市、下諏訪町、富士見町和原村，為了培育精密工業人才，由信州大學航空宇宙研究中心與地方工業企業共同舉辦小型火箭製作計畫，讓諏訪圈的

研究生與企業能互相交流學習，並於當地高中舉辦教育座談會，確保留下將來的宇宙機器技術人才。KPI 設定為小型火箭人才育成研究會參加人數、醫療健康機器類人才育成研究會與研討會參加人數、新產品開發件數、展覽會貿易商談簽約數、全區域新僱用人數與製造產品的出貨金額。

岡山縣西粟倉村提出擴大地方投資計畫，由當地活化林業產業公司西粟倉森的學校創辦人，創設地方創業孵化器 A0，作為地方創業學校，提供創業人才育成與投資支援。KPI 為創業者數、移居人數、投資活用產業團體數、據點設施設備利用當地產的木材量。

熊本縣南小國町為了推動阿蘇火山登錄世界遺產，進行阿蘇草原再生計畫，由於草原管理不易，因此和地方團體、企業（Corporate Social Responsibility, CSR）合作守護草原志工旅遊（Volunteer Tourism）計畫、開發阿蘇品牌商品、提高野草堆肥採草面積、減少野燒放牧，共同管理草原。KPI 為野燒放棄地面積、志工參加人數、志工旅遊參加、活用當地資源的商品開發件數、野草堆肥採草面積。

此外，為了確保提出的計畫能有效被檢驗，關鍵績效指標該怎麼訂，同時藉由成果管理循環（PDCA），保證「不走別人走過的冤枉路」、「不花沒有切合地方創生綜合戰略目標的錢」，其指標必須要有「客觀性」、「直接性」、「高水平」。

1.「客觀的」成果指標
為了活用中央政府給予的交付補助金，設定的 KPI 要表現出客觀的「計畫 Outcome」

成效，再來為了進行計畫的評價與改善，要設定使用交付金後的「計畫 Output」。另外，KPI 不能為主觀的滿足程度，而是要定量化的客觀數值。

例如：「移居相關計畫」中的 KPI 設定，要設定為－經過顧問後移居者數量，而不是移居諮詢服務的數量。

「街區再生相關計畫」的設定則是要訂街區空店舖減少率，而不是街區居住者的生活滿足度。

2. 補助計畫效果的「直接性」
為了使補助金能確實達成計畫，設定 KPI 目標時要有使用補助的明確因果關係，能說明投入多少後，成效是可看得見的。

例如：「創業支援計畫」中要設定為透過計畫輔導而創業產生的新僱用人數，而不是地方公共團體定居人口數，這和支援計畫沒有因果關係。

「觀光行銷計畫」中，要檢視計畫中舉辦的特定活動參加人數，而非檢視市町村全體的觀光人數。

以不同計畫分類（城鎮、人、工作創生的類別有分地方創新創業、農林水產、觀光振興、地方人員移動、工作方法改革以及社區營造）來看 KPI 設定例子：

3. 訂定「有水準」的目標
由於 KPI 的設定會與未來 PDCA 政策評價有連動關係，因此，應根據過去的績效設定更高的目標，盡量不要設定能被預期結果的目標，另外投入費用的投資報酬率也要一併考慮。

計畫種類	計畫	綜合影響 outcome	計畫效果 outcome	計畫產出 output
		政策全體效果	個別計畫直接效果	個別計畫活動量
		KPI例子	KPI例子	KPI例子
地方創業	創業支援	地方創業人數	創業僱用人數和銷售額	創業家支援研討會、研修課程活動數量
	中小企業支援	地方中小企業業績	新開發商品的銷售額、業績恢復的中小企業數	企業參加數
農林水產	6次產業化支援	地方農林水產就業人數	新開發商品的銷售額	商品開發數
	生產性向上、系統化支援	地方一手產業就業所得	增加的銷售額、單位面積增加的產量	技術、系統開發數和導入數
觀光振興	入境觀光基礎建設改善	一個人觀光消費額	完備設施後的收入提高數	完善的設施數量
	觀光行銷	觀光來客數	專案行銷活動入場者數、活動的觀光消費額	專案行銷活動數量
地方人口移動	移居諮詢	移居者數	經過移居諮詢後的移居人數	參加諮詢人數
	實習	當地就職率	實習後留在當地就職者數	相關活動學生參加數
街區營造	小據點生活整備	定居人口數	小據點店舖使用者數量及銷售量	地方營運組織數量
	街區再生	街區居住人口	新的開業數、新僱用者數以及補助地區的空店減少率	

※ 資料來源：日本內閣府地方創生推進事務局，《地方創生事業実施のためのガイドライン地方創生推進交付金を活用した 事業の立案‧改善の手引き》p.14。

4. 案例：

栃木縣益子町推動「栃木之器（とちぎの器）」計畫，目標是擴大海外行銷通路，振興地方陶器工業。栃木的益子燒銷售額，從平成10年的95億元，漸少到平成25年只有32億元，因此在栃木縣和益子町主導之下，設立益子燒產地關係團體「陶瓷器產地振興協議會」，成員包括益子燒合作社、同意外銷的32間公司、益子町商工會、益子燒販賣店合作社，並由オフィスましこのね公司窗口對英

● KPI 設定的邏輯圖

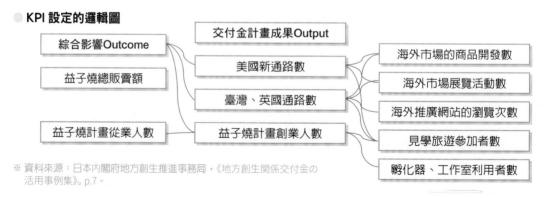

※ 資料來源：日本內閣府地方創生推進事務局，《地方創生関係交付金の活用事例集》。p.7。

國、台灣和美國宣傳。主要的 KPI 為益子燒總販賣額要成長一成，增加在美國銷售「櫪木之器」的新通路。

成果管理循環（PDCA）檢討流程：

• Plan 計畫點子發想、檢討方法：

藉由成立振興協議會，讓益子燒利益關係人有情報交換平台，並定期開會，讓大家對業界共同的課題有共同認知。同時設立由縣主導的海外推廣組織，進行新的海外合作計畫。

• Plan 計畫具體化：

委託精通海外拓銷的公司，訂定海外市場戰略，讓縣主導協調縣內多家業者，一起以單一計畫共同體行銷海外。

• Do 實施計畫：

對於尚未有通路的海外市場（台灣、英國），以舉辦海外展覽會的方式，了解當地顧客的需求，藉此建立新的海外拓銷戰略。在這過程中要確保多語言的情報發信及貿易談判人才，配置海外市場拓銷窗口。

• Check 和 Act 計畫評價、改善：

檢討海外市場的銷售戰略，設立海外商品開發研究會，邀請精通國際貿易經驗的講師協助訓練，同時為支援商品開發，配置因應國際市場需求的研發設備。另外，作為長期計畫，為確保益子燒人才育成，設立益子燒工作坊與益子燒創業孵化器，促進創業、行銷能力與商品開發力。

在訪談中，多位訪談對象皆表示有依據地規劃 0-1 的地方政策，才能看到令人安心的地方永續性，日本推動地方創生政策，針對衡量政策的 KPI，其設定方法重視自立性、將來性、地方性、直接性以及結果性，搭配利用地方創生政策三支箭支援工具，以及 PDCA 政策評價檢討方法，並且商請外部組織協助客觀分析，讓行政、政策和稅金的使用方法可被檢視，然後將經驗整理、分析、並傳承，甚至將政策的出發核心目標要達成聯合國永續發展目標 SDGs（Sustainable Development Goals，SDGs），終將能使地方發展有永續性。

台灣在活用地方數據資料蒐集、整理及解讀的能力之後，各地方的行政單位及社會創新家若能善用數據，積極盤點地方真的需求及未來可能要面對的人口課題，發揮領導力，集結有共同危機意識的地方產業、行政官員、學界、金融、勞動、媒體以及專家（又稱：產、官、學、金、勞、言、師），運用政策資源手段，才能創造完整的地方創生生態系。

然而，日本地方創生在推動過程中，也遇到地方產、官、學、金、勞、言、師團體響應率不足的問題，因此，地方行政文化制度的領導力革新更顯重要；此外，由於東京 2020 奧運的宣傳效應，日本也遇到人口依然集中於首都的困境，因此，日本做了地方創生相關修正，限制東京區域大學招生定額、並提出促進地方大學學生於在地創業、就職的補助制度（地方大學·地域產業創生交付金）、都市企業設據點在地方將有優惠等制，這是日本自 2014 年至今，每年不斷檢視目標，做滾動式政策修正的實踐。

地方創生的道路很長，目標及具體的短、中、長期戰略與階段戰術必須明確，並且不斷地有種籽人才至地方做說明，也必須事實調整

修正，讓民眾明白這是一條長期的戰役，不是曇花一現形式化的政策口號。另外，政策只是手段，不能拿手段當目標，而是清楚訂出目標，當每個都道府縣市町村，特別是快破產或要被合併的市町村，居民都能了解自己地方的人口現狀、自身居住地的課題，大家一起抱持創造開放的態度，靈活運用行政資源手段，包括法律、公共數據、補助金，從藝術、歷史、文化、物產、教育、醫療、交通、觀光等不同角度視角投入地方創生，並以人口課題、創造工作為核心，改善地方經濟，致力於創造更多交流人口為初衷。過去的累積，將能成就現在的地方公民意識，而由現在的地方公民意識出發的每一分積累，終將在可以期盼的未來有所收穫。

※ 本篇感謝日本閣府創生本部島田勝則參事官、一般財團法人地域活性化中心椎川忍理事長接受訪談。

面對恐懼，想想是看不到、看不懂、還是看不起？

資訊情報創生的價值：
用空間與數字談政策說故事
— RESAS 地方經濟分析系統

「我」自己有在地方政府工作的經驗，在制定政策與計畫的業務上，大家未必能靈活運用數據。大家不知道其實地方的『主要產業一直在喪失競爭力』，而公務人員也不知道『在地企業到底為地區帶來多大的附加價值』，若能善用 RESAS，會有很多不一樣的『發現』。」2015 年時，日本閣官房地方創生（まち•ひと•しごと創生）本部事務局大數據組早田豪組長闡述了 RESAS 系統背後代表的意義。

在台灣的國家發展委員會地方創生政策中，推出一項重要的服務叫做台灣經濟社會分析資料庫（Taiwan Economic Society Analysis System, TESAS），企圖整合政府與民間各類統計及地圖資訊，掌握與追蹤台灣各地人口流動、經濟發展及地方建設狀況，協助各級地方政府推動地方創生事業提案，同時也讓 OPEN DATA 好用、有價值。

在日本地方創生國家戰略中，RESAS（Regional Economy Society Analyzing System, RESAS）地方經濟分析系統是日本地方創生三支箭中的第一箭，是地方經濟資料的「入口網站」，系統將所有資料以視覺化的方式，呈現為容易理解的圖表與地圖標示，旨在讓政策制定者朝向以資料為基礎制訂政策（Evidence-Based Policy Making），讓所有利害關係者能有個共通的溝通語言，而不再是「靠感覺」或「經驗」來判斷政策，讓地方政府能把握現狀，客觀預測未來狀況，也能夠回過頭來檢討政策與預算。同時搭配上關鍵績效指標（Key Performance Indicator, KPI）及循環式品質管理循環（Plan Do Check Act Cycle, PDCA Cycle），讓政策的價值能有一套穩定客觀的檢討方法。

活用 RESAS 的技能不僅對地方政府員工有益，對金融機關的職員和中小企業診斷員來說，也能化諮詢能力。而對學生來說，不僅僅以數據資料認識了地區，在求職時也成為一項強而有力的邏輯分析技能。

活用 RESAS 資訊系統制定出高效益、高競爭力的產業政策

RESAS 資訊系統除了盤點能被活用的國家資料之外，為了降低地方政府個別購買數據資料的成本，還向民間企業包括帝國資料銀行（帝国データバンク）、Agoop（GPS 大數據與流動人口資料）、NAVITIME JAPAN（ナビタイムジャパン）、NTT docomo、VISA 等公司統一購置資料。

在資料呈現上，RESAS 有地圖顯示功能，最早提供了「產業」、「地域經濟循環」、「農林水產業」、「觀光」、「人口」、「地方政府比較」等六個類別的資訊地圖。而有部分的功能則是只有地方政府才能使用的「限定選單」，例如，為了讓地方政府能夠善用 RESAS 來制定產業政策，在地方政府限定使用的「產業地圖」中就多一個「企業別花火圖」，利用這個功能，就可以知道地方企業的分類名單，分類方式包括：地區外獲得的收入分配給地區內的「**樞紐企業**」、創造就業機會及完善就業環境的「**雇傭貢獻型企業**」，以及通過利益及納稅貢獻地區經濟的「**利益貢獻型企業**」。透過這種企業分析，便可以清楚知道：影響地方經濟「地域中堅企業」的名單，換言之，地方政府對於區域內企業、產業的理解就更多，還可以按照名單來做企業拜訪，共同討論「如何提升地方的盈利」。

此外，企業透過「產業別花火圖」可以客觀地把握不同地方政府間的產業結構關係，創造出跨區域政府間的政策合作。而若著眼於「附加價值」、「勞動生產性」等核心，地方政府則可透過視覺化的產業「賺錢力分析」圖表、「專利分佈」地圖，以及「產業地圖」來討論產官學合作的方向。

2015 年 12 月，在第二次系統開發中，RESAS 追加了「地區經濟循環地圖」，「農林水產業地圖」和「觀光地圖」功能。「地區經濟循環地圖」可以從生產、分配、支出三個階段看地區的資金流動方向，從整體經濟型態、金錢流入流出循環來討論改善地區經濟循環的著力點。

「觀光地圖」集結了許多私營企業的大數據，諸如安裝在智慧型手機 APP 上的 GPS、手機漫遊、目的地檢索等數據，可以了解現在哪些旅遊目的地受注目。另外，運用 NTT docomo 的手機漫遊數據，也能夠進行「外國人滯留」分析，了解外國旅客的移動及消費、比較白天和夜間不同國籍的外國人滯留人數、夜間逗留人數以及住宿率。

「外國人消費火花圖」則是利用 VISA 信用卡數據來掌握赴日外國人的消費額，並按都道府縣單位來表示，如此一來便能分析外國旅人的地方消費行為。同時輔以手機導航時間 GPS 數據，進行外國人網格分析，以 1km 和 10km 為網格單位，顯示外國人的逗留人數，藉此可以分析地區的人氣景點和地區間外國人的移動情形。若能善用些觀光數據，便能制定短中長期觀光策略，例如，非觀光景點可以透過 SNS 口碑行銷，創造短期的人潮，而長期來看，地方政府與觀光業者則要訂定讓旅人停留時間、增加消費的觀光策略，不斷開發新的觀光行銷計畫。

截至 2017 年 RESAS 系統已將地圖表單修正擴增八大類地圖，分別是：

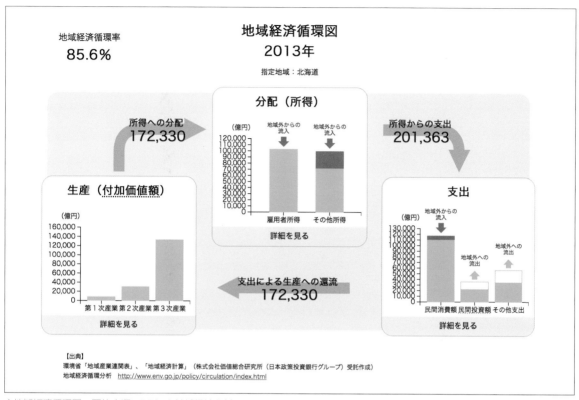

↑ 地域經濟循環圖。圖片來源：RESAS 地域経済分析システム。

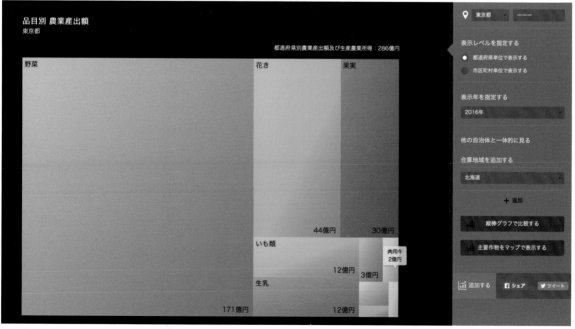

↑ 農林水產花火圖。圖片來源：RESAS 地域経済分析システム。

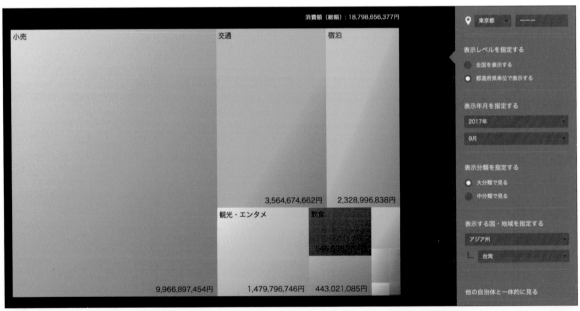

↑觀光地圖國內目的地分析。圖片來源：RESAS 地域經済分析システム。

↑外國人信用卡消費花火圖。圖片來源：RESAS 地域経済分析システム。

●人口地圖：

　　人口構成、人口增減、人口自然增減、人口社會增減、新就職人口與求學人口、未來人口推估、人口網格、未來人口密度。

●地區經濟循環地圖：

　　地域經濟循環圖、生分析、分配分析、支出分析、勞動生性動向分析。

●產業結構地圖：

　　全部產業構造、賺錢力分析、企業數、事業體數、從業者數及事業單位、付加價值額（企業單位）、勞動生產性（企業單位）、製造業結構、製造業比較、製造品出貨額、零售業商業結構、商業比較、年商品販售額、消費傾向（銷售時點情報系統）、滯留人口分析（銷售時點情報系統）、農業構造、農業生產額、農地分系、農業從業人員分析、農產銷售金額、林業總收入、山林分析、林業從業者分析、水產業近海漁獲量販售金額、近海漁船及養殖面積分析、近海漁業從業者分析、淡水漁獲販售金額、淡水漁船及養殖面積分析、淡水漁業從業者分析。

●企業活動地圖

　　（原先在地方政府比較地圖）：產業間交易（限地方政府調閱）、企業間交易（限地方政府調閱）、獎賞與補助金、創業比率、經營者平均年齡（限地方政府調閱）、黑字赤字企業比率、中小企業財務比較、海外企業進出動向、進出口交易、企業的海外進出口金額分析、研究開發會比較、專利分佈圖。

●觀光地圖：

　　國內目的地分析、國內滯留人口分析（住宿者）、國內住宿設施、外國人訪問分析、外國人滯留分析、外國人網格、外國人進出國際機場分析、外國人移動分析、外國人消費的比較（信用卡）、外國人消費支出結構（信用卡）、外國人消費的比較（免稅交易）、外國人消費支出結構（免稅交易）

●社區營造地圖：

　　人口滯留分析、滯留人口率、通勤人口、流動人口網格、事業設立地點動向、設施週邊人口、不動產交易

●勞動／醫療社會福利地圖：

　　人均薪資、有效求才利用率、求職者分析、醫療供給需求、照護者供給需求

●地方財政地圖：

　　地方政府財政狀況比較、人均地方稅、人均市町村民稅、人均物業稅
（各項數據來源：マップ出典一覧）

開啓居民與公共行政間的新型關係，擴大公民參與政治及教育的可能性

　　日本自RESAS上線以來，不只用在各地方政府制定其地方版綜合戰略，也被居民廣泛使用。中央政府出版RESAS漫畫版介紹以及影音課程，地方政府部門皆有相對應的推廣單位，與市民團體和非營利組織相繼舉辦RESAS研討會、政策黑客松等學習與推廣活動，藉由系統來分析自己居住的地區資料、解讀數據和當地遇到的課題，同時也跟全國各地方政府來比較，開始用數字制定政策解方、說自己地方的故事。此外，政府也開辦了推廣學習RESAS的認證制度，地區的大學也將RESAS活用於必修科目的授課內容，培養學生資訊管理、邏輯思考能力。

活用 RESAS 的技能不僅對地方政府員工有益，對金融機關的職員和中小企業診斷員來說，也能化諮詢能力。而對學生來說，不僅僅以數據資料認識了地區，在求職時也成為一項強而有力的邏輯分析技能。

現透過 RESAS 官網，便能查詢到全日本各地的相關活動及案例，同時還能加入全國使用者社群。此外也有 RESAS for TEACHER 的授課網站，整理出國高中生利用 RESAS 系統所做的各項分析計畫，讓學校老師能直接使用相關教材帶學生提升「問題發現力、課題分析力、問題解決力、情報蒐集力、情報分析力、情報活用力，以及理論思考力和簡報發表等能力」。

企業、中央與地方政府對面對資料應該做什麼？

在日本，政府單位、地方政府以及民間企業對於 RESAS 這套系統有不同的看法，也有相對應的職責，在整體日本數據資料的應用上，需要關注未來長期的發展。

中央政府（與資料數據有關的單位）職責包括檢討區域間數據和數據間的相互關聯性，並將 RESAS 推廣至都道府縣單位，用於實際的計畫提案。在人才面，建構 RESAS 專家認定制度，也有系統地用在編輯大學及高中的授課教材，好用來培育資訊邏輯思考能力，同時不斷地優化 RESAS 在平板電腦介面上的使用。

而地方政府的職責，資料面在於促進地方政府蒐集數據資料與開放，以合作為前提多做開放資料，促進民間單位蒐集數據資料與開放，並嘗試政府與民間的開放資料合作與混搭網頁。而人才培育面，則將系統導入到公務人員研修制度，提高市民的分析能力。

民間企業的職責對內在於發展地方的資料銀行功能，協助推廣 KPI 分析的技能，以共享的心態做 API 合作，並協助開發者。對外幫忙地方政府的資料科學能力培育，也倡議讓大眾知道善用民間企業數據的好處，同時認知到運用數據資料有價值性。

我們可以看到日本在推動 RESAS 系統時的過程與目標，不斷檢討「什麼才是有價值的資料」，同時彙整齊中央與地方的數據資料，不只追求資料的「實用性」，更重視地方政府與民間甚至是學校的「實用率」。未來是否能看見更多以 RESAS 為基礎的教材、系統是否會因為缺乏維護資源而停止更新，抑或是台灣的 TESAS 的發展，值得未來持續關注。

附件

日本 RESAS 區域分析小工具

步驟 1-1
（區域整體現況－掌握人口動態）

1. 藉由人口構造分析過去的人口變化現象並預測未來人口構造。
2. 掌握人口增減的原因，分析社會增減的動向和原因。
3. 掌握人口增減的原因，分析合計特殊出生率的變化。
4. 掌握人口增減的原因，分析移出移入人口的年齡、與性別有什麼特徵。
5. 分析移出的人口是移到哪些鄰近的區域，掌握人材移動的狀況，並分析通勤上班上學者的移動狀況。

步驟 1-2
（區域整體現況－掌握區域經濟的整體樣貌）

6. 掌握促進區域良性經濟循環的要點，以及提升區域的附加價值的方法，需分析生產、分配、支出各階段的資金流出、流入情形。
7. 掌握區域內最有優勢的產業為何，分析其收支額、影響力與感應度。

步驟 1-3
（區域整體現況－蒐集質性情報資訊）

8. 掌握區域的特徵、發展歷史和過去施行過的政策，製作表格整理鄰近區域的特徵。
9. 掌握區域的質性與質量資料，製作表格整理相互對應分析區域的整體狀況。

步驟 2-1
（區域整體現況－掌握區域的產業結構）

10. 分析支撐區域的主要經濟產業是什麼，透過「產業別構成比例」來看大分類、中分類產業的分析銷售額、附加價值額、從業人員人數。
11. 從上述資料中分析產業較其他區域有什麼優勢。
12. 分析區域的產業專業化係數。
13. 分析區域內的科技技術產業群聚狀況，分析企業專利的分佈。
14. 掌握較能創造就業機會的產業，透過時間排列比較分析不同產業的雇用者數。

步驟 3-1
（區域整體現況－掌握區域的產業現況）

15. 掌握在與全國比較中也有優勢的特定產業，分析比較全國附加價值額。
16. 掌握在與全國比較中也有優勢的特定產業，分析比較勞動生產性。
17. 訂出區域內產業的全國比較定位。

步驟 3-2
（區域整體現況－掌握區域內的農林漁業現況）

18. 掌握區域中的農業規模、農作物和特徵，分析農業產值與構造。
19. 掌握農業產值趨勢，分析比較不同年度、全國平均的農產值。
20. 掌握區域農地使用的傾向，比較分析區域中的可耕地面積在過去的實績中與全國平均之不同。

21.掌握區域農業工作者的資料，比較分析農業經營人的平均年齡在過去年份中與全國平均之不同。

22.掌握區域林業現況，分析林業的總收入、產值、林業相關作業支出。

23.掌握區域漁業現況，分析近海漁業的產值、漁獲類別，以及養殖業產值。

步驟 3-3
（區域整體現況－掌握區域內的觀光現況）

24.分析區域觀光客數的變化。

25.掌握區域滯留者是鄰近區域的通勤者還是觀光客，分析區域滯留者停留原因。

26.掌握區域中集客的設施，分析那些讓人停留、且設為目的地觀光的設施。

27.分析一年之中、一日之間不同滯留人口的停留時間。

28.掌握區域內哪裡實際上有人。

步驟 3-4
（整理產業全貌和區域特徵）

29.根據區域整體產業的資料，分析歸納成表格。

30.決定是要進一步發展有區域優勢的產業，還是要發展弱項的產業，用工作表格整理決定投資的主題。

步驟 3-5
（整理主力發展的主題）

31.從各項現況中整理導引出一個區域主力發展的主題。

※本篇感謝一般財團法人地域活性化中心人口‧地域經濟研究室荒井智生室長。

◎參考資料

‧早田豪　地方創生の武器、「RESAS」（リーサス）を使いこなすコツ（前編）。

‧小林隆　地方創生政策における地域經濟分析システム「RESAS」の役割と課題。

在地人才培養與延攬：
日本地方創生學校、人才生態系，
首都之外的人才

日本地方創生戰略中有三支箭，情報、人才與財政。在國家提出地方創生總體戰略後，地方政府跟著提出自己的因應處方箋，這時地方的公共團體究竟要如何真正的在各地推動具體的事業計畫呢？

根據日本內閣官房地方創生本部事務局的報告表示，地方創生的第一線推動者，必須包含地方公共團體、地方DMO（Destination Management Organization為精通當地觀光資源，包括景點、自然、食文化、藝術、風俗習慣、藝能的地方法人，做品牌、網頁、網路社群等宣傳），需要結合各個產業來策劃戰略、管理各式各樣的產業人才。這樣的地方創生人才還需要善用客觀的數據資料訂定基本的關鍵績效指標，透過年度PDCA來反覆檢討。

然而如此高度專業的人才並不充足，必需仰賴各界地方人才相互支援及培養，因此日本政府便委託公益財團法人日本生產性本部建立了「地方創生大學（カレッジ）」，希望以國家的力量培育地方創生人才。到底地方創生人才指的是什麼樣的人呢？

一、以功能來區分
1. 善於訂定地方發展戰略，統籌管理戰略的地方公共團體包括地方政府
2. 善於發揮社群領導力的社區營造團體
3. 善於經營個別領域的地方創生相關事業團體
4. 活躍於現場的第一線中堅人才

為了更扎實地推動地方創生，除了各式各樣的地方公務人才培育內容之外，需要同時進行專業人力資源的評估，特別是關注公務人才的職業生涯是否有一個完整的系統，另外，面對地方的需求是否能夠有多樣且充分的人力供給。

二、以階段性來區分

1. 計畫主持人：善於在戰略擬定前，促成住民與關係人共識
2. 策劃人：善於將居民與關係人的共識整理歸納為事業化計畫
3. 組織者：善於將具體的計劃有組織地分工執行

日本地方創生人才的現況與問題

日本在既有的人才育成機關中，有許多不同的系統，各系統中遇到的課題也不盡相同。報告中將人才分類為五種，分別是「首長的幕僚或計畫主持人」、「區域社區（日本使用 Community 一詞）」、「產業的負責人」，以及「第一線中堅人才」。

一、首長的幕僚與計畫主持人

現在有地方創生人才支援制度，包括派遣公務人員、大學研究員、民間人才到市町村長辦公室做幕僚工作，然而這些派遣公共事務人才不熟悉政府的業務，包括要熟悉不同於民間經濟原理的預算和法規，除了工作之外，還要有強大的抗壓性來面對地方居民和政府的期待，在過程中往往聽到業務過多導致精神負荷不來的聲音。

再者，地方公務員有兩種進修管道，一是傳統上總務省培育地方公務員的中央研修機關 -- 地方政府大學（自治大校）。二是地方四團體（全國市長會、全國町村會、全國市議會議長會、全國町村議會議長會）設立的公益財團法人全國市町村研修財團，包括營運市町村職員中央研修所、全國市町村國際文化研修所來進行短期公務研修。然而，這樣的研修多視地方政府的職員數、財政狀況、地方創生業務及體制而定，且限定只有公務員能參加，因此較無法推動與「官民合作」有關的研修。

此外，大學和民間企業，以及以地域活性化為目標的人，則是要把地方創生作為一項社會教育，學習如何執行地方創生的綜合規劃，包括地方政府的計畫經營與行政、善用民間活力的方法、策劃行銷戰略等。再藉由各項地方創生的案例實績來擴大人才間的知能。換言之為了讓地方創生計畫被落實，官民（政府與民間）的專業認知要先達到一致，才能順利推行。

二、地方社區（地方社群、地方共同體）的領袖

各地的社區與區域如何發展成生活的共同體，必須透過區域活性化中心來發動辦理跨領域的人才講座，為地方培育更多的社群領袖，大家可以發展出更充實的在地創生計畫。

三、不同領域的統籌監製（Producer）

各項成功的地方創生計畫，需仰賴觀光、生涯活躍、社區營造等組織合作，換言之，不同的跨類別專案計畫需要培養有統籌能力的製作人。全國各地的觀光 DMO 和觀光協會應該要分享彼此的案例，並且整理成系統性的人才養成專門知識，同時應確立 DMO 的職涯養成方向以及建構不同人才的在地適性環境。

「生涯活躍城鎮」需培養中間協調人，確立課程。而「社區營造」類則是要聯合相關大學及研究所，一定要學習公私協力（Public—Private—Partnership, PPP）、民間財務主導公共建設（Private Finance Initiative, PFI）方法、財務金融，以及商業模式等課程。

四、現場中堅人才

最後是回到地方的第一線，大家如何精進自我，無論是在地方或首都的大學、地方的企業、教育委員會等，應該相互組成合作聯盟，特別是實踐型人才育成（重視學生主體、實踐演練解決問題型）的教育機構，讓學生參與地方的活動，並透過實習來喚醒學生對在地的熱情。

另一種則是地方的公務人員的幹部培訓，除了市町村機構和地方政府學校之外，更不能忘記課長階層、課長秘書、主任層級等第一線計畫承辦者，應該打破課程參與的資格門檻限制，充實課程多樣內容與授課模式。

為了更扎實地推動地方創生，除了各式各樣的地方公務人才培育內容之外，需要同時進行專業人力資源的評估，特別是關注公務人才的職業生涯是否有一個完整的系統，另外，面對地方的需求是否能夠有多樣且充分的人力供給。日本這種地方創生大學的人才課程網站，希望能夠扮演強化宣傳、醞釀機運以及合作的契機。在平台上累積知識、傳承知識以及合作更多為地方帶來長遠榮景的智慧。

課程分為基礎篇與專門篇，共 162 堂課，分別提供從基礎概論、政策、具體戰略擬定、計畫管理、公私合作等結合理論與實務的全方位課程。

附件

基礎篇

概論：
地方創生是什麼？重要理念？推動的基礎是什麼？

- 從案例學習～從女性開始的多樣人才活躍與工作方法改革。
- 地方的中小企業和產業振興（地域創生入門）。
- 女性和高齡者的活躍與工作方法改革。
- 生涯活躍的城鎮。
- 地方公共團體推動 SDGs 的意義與實踐。
- 透過跨世代交流挖掘地方魅力與年輕人的人才育成。
- 地方創生的課題和成功的區域條件。
- 地方創生與人才的必要性。
- 本地的生活與地域力創造。
- 地方創生的課題與新的地域振興策略。
- 條件不利的區域、小規模地方政府的地方創生戰略。
- 地方消滅的真相和地方創生的方法。
- 日本的解決策略 里山資本主義。
- 從案例中學習地方創生的歷史意義和現代課題。
- 從解決課題的先進區域看地方創生。
- 地方政府管理基礎～下個世代能生存下來的經營方法。
- 促進區域振興的金融機構案例。
- 地方創生相關政策介紹。
- 解決區域課題、以地方創生為基礎的地方分權改革。
- 從失敗的案例中看學習文化與地方創生。

數據分析、戰略檢討：
地方創生作為一個計劃在進行時的各種數據分析與具體的戰略發想

- 經營戰略基礎。
- 地方創生的戰略與新的方向性。
- 區域活性化的行銷。
- 活用社群媒體的有效宣傳基礎講座。
- 區域經濟分析基礎。
- 區域人口推估。
- 區域經濟循環分析與區域經濟對策。
- 區域分析。
- RESAS 的使用方法。
- 正確認識事實與分析的方法（數據分析與比較）。
- 活化地方的行銷戰略（實踐的行銷）。
- 活化地方的行銷戰略（網站行銷）。

事業化、計畫推動：策劃戰略和推動作法

- 區域的社會企業。
- 地方創生與事業創造。
- 創造事業（創業）。
- 創新（區域創生入門）。
- 事業與財務報表的連動（地方創生財務報表入門）。
- 事業推動的基礎與數據管理（地方創生管理會計入門）。
- 企業與承辦公務員的會計知識。
- 透過產學合做培育區域經濟人才～全球在地化人才培育。
- 事業和財務三表。
- 理解事業特性與把握企業實態。
- 地方創生交通、觀光事業的再生和活性化。
- 提升在地企業的生產性。
- 從民間角度看政府治理。
- 評價事業性的案例選讀。
- 構想計畫的基本講座。

- 活用空的資源（空地空屋廢校）。
- 四萬十方式的商品開發。
- 如何打造一個充分利用當地資源的幸福家園。
- 新的地方審計基礎～地方政府的會計新動向。
- 註冊會計師的獨特案例研究。
- 區域貿易公司的設計與營運。
- 培養領導者管理的輔導課程。
- 新商業創造法－將思想具體化。
- 擴大規模的業務計畫。
- 企業管理。
- 地方中小企業和產業振興政策。

官民合作公私協力：地方創生中不可缺少的官民合作方法論

- 區域課題和法規政策。
- 公民合作的 Facilitation 技法（引導式會議技巧）。
- 企業會計與非營利會計。
- 公私協力與 CSV（創造共有價值）經營。
- 有創造性的區域營造。
- 城市管理基礎。
- 城市管理經濟理論。

其他：區域活動的眉角、組織營運的方法和管理

- 公共政策學的基礎。
- 政策設計入門。
- 共生社會學。
- 文化經濟文化政策。
- 非營利組織理論與實績。
- 地方創生扮演教育功能的可能性。
- 企業扮演解決區域問題的分工。
- 跳進地方的公務員。
- 區域農業再生與創生。

- 現代都市的振興論。
- 活用社會投資～系統化運用政府標案的案例。
- 人與組織的管理。
- 指導與傳承力的養成。
- 創造與導演的基礎。
- 從人的社會服務看地方營造。
- 區域教育、學校和地方的聯盟合作。
- 木育交織出的區域與人的連繫。
- 推動區域經營的地方政府組織改造～自身的領導力。
- 如何活用區域營造的對話力～領導力～以及管理。
- 發表的能力～明天開始使用的簡報能力。
- 打開人與組織的可能性實踐。
- 自信溝通講座～優質的溝通。
- 開會效率及效果引導術。
- 提升服務的生產性。
- 管理與評估經營質量基礎。
- 企業徵人文宣課程～傳達公司的吸引力。
- 問題解決力基礎篇。

專門篇

綜合企劃：概論
- 區域醫療經營。
- 區域統籌人的地方關係。
- 區域自治的扎根與區域經營。
- 區域經濟。
- 里山資本主義～真庭市的挑戰。
- 社區營造。
- 區域公共服務。
- 區域管理～從始動到自立。

綜合企劃：戰略事業
- 區域金融（從募資到風險管理）。
- 人才 × 組織 × 行銷 區域活性化戰略。
- 專案的標案與採購。
- 區域經濟示範。
- 區域產業。
- 區域領導力。
- 區域產業的開發和營運～面的案例。

產業別企劃：觀光 DMO
- 開拓入境市場的行銷。
- 以社區為基礎的觀光區域營造～居民參與與合作。
- 觀光地經營的理解與實踐。
- 觀光的區域經濟循環與觀光區域經營。
- 綜合型遊憩。
- 有魅力的觀光區域營造。
- DMO 概論與實踐者的最新案例。
- 國內外 DMO 講座。
- DMO 管理經營與觀光地點經營。
- 觀光地行銷長。
- 開發觀光資源與在地商品設計與販售。
- 入境觀光的應對。
- 新觀光（長期滯留、自然歷史環境、綠色、文化、產業、健康、船旅、都市與農山漁村）。
- 觀光地的危機管理。
- 觀光經營的財源確保～以入湯稅為例。
- 觀光地的長期顧客管理對策。
- 魅力的區域觀光設計～從設計的視角來解決問題。

產業別企劃：其他
- 運動與區域創生～以新潟縣為例。
- 區域公共人才論發展～區域公共政策師。
- 創造性城鎮是什麼？模範在哪？如何實現？

- 在地產業的品牌化。
- 六級產業化。
- 移居定居政策與區域的現狀及課題。
- 以傳統蔬菜為核心的區域活化。
- 以祭典為核心的社區營造。
- 面對區域的冷漠族群如何促進行動與影響力。
- 為了住的健康幸福的都市營造。
- 觀光社區營造的人才育成。
- 有效果的行銷。
- 全球化的款待學。
- 移居與定居。
- 專業體育事業實踐。
- 地方創生新創家講座～社區營造中的 StartUp。

地方社群社區講座
- 區域振興與商業。
- 區域的羈絆 NPO 法人創設與發展。
- 不依賴政府的鹿兒島鹿屋社區營造。
- 非主流！區域與外部人才合作的區域振興。
- 小據點與社區。
- 二十年前社區再生的合作，成功的聚落鹿屋。
- 農山村的區域營造。
- 地方社區再生與建構。

◎參考資料
- 內閣官房まち・ひと・しごと創生本部事務局地方創生人材プラン。

地方粉絲與投資人：
從日本「地方創生」人口目標看「關係人口」的推力與拉力

在日本，關係人口這一個關鍵字「有交流以上、定居未滿」之意，也就是在地方人口減少、高齡少子化時代，對地方事務有關心也有關係的人。這一詞最早在日本是 2016 年「ソトコト」編集長指出一正、「東北食通信」編集長高橋博之相繼提出，他們認為，在日本政府地方創生戰略「解決地方人口減少」的問題意識中，透過觀光而來的交流人口，不足以凝聚地方的底蘊，然而增加定居人口的目標又過高，因此在討論地方創生議題時，那些政策上「看得到」的目標客群應該聚焦於：促進與地方社會環境頻繁接觸的「關係人口」。

有關係沒關係會導致人、地、產消滅與否

首先看「從農村來看關係人口之可行性」，人口對於地方的情感、定居的意願，會隨著購買地方特產、納稅給故鄉、頻繁造訪、參加在地活動等行為，漸漸把地方當成是第二個故鄉，甚至移居。舉例來說，日本食通信組織透過開辦各地「農業食通信」

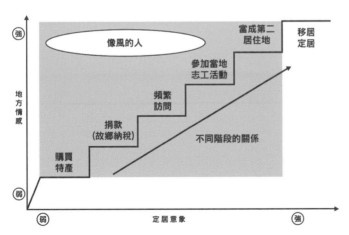

↑農村裡的關係人口階段圖。圖片來源：小林切德美教授「農村關係人口的可能性」

若探究移入移出與個人動機和社會動機之間的關係，日本地方不斷去反思究竟人口為何而外移，而又因為什麼樣的地方價值動機移入，若能重新解構城鄉的價值，找到每個地方翻轉的關鍵動力，就有機會由衰轉盛。

雜誌和農產品,來連接都市與農村生產者之間的關係,營造野菜共同體的共鳴感,那麼若農村面臨農業缺工而導致「日本原產的『在來野菜』」消滅時,在都市的讀者、蔬菜的粉絲們就會「用日幣和短居志工行動」拯救地方農業,換言之地方的農產品、生產者與外界越有關聯,那農村就不會消失。

此外,明治大農學院的小田切德美教授認為若探究「農村關係人口的可行性」,並不是要強調農村「冷漠－定居」兩種極端人口特性,而是要表現出各式各樣對農村有著不同面向關心與參與的人;也並不是說政策使然,非得讓每一個人往不同階段關係移動,或群體響應,而是每一個個體來響應,大家相互尊重的過程。

討論人口議題需要細緻分眾,客製化地方的交流

總務省回應民間的討論,制定出相關的政策,所謂「關係人口」,指的並非移居的「定居人口」,也不是來觀光的「交流人口」,而是指與地區有關聯的人。由於人口減少和高齡化,在地方的圈子中,往往面臨推動地方營造人才不足的問題,因此,那些進入地方「能帶來改變、地區以外的人」,即稱為「關係人口」。

在其「移居、交流政策」的檢討會中指出有必要建立「關係人口」,他不是長期的「居住人口」,也不是短期的「交流互動人口」,而是與地區有著多層次連結的人口,最重要的是持續為地方故鄉帶來貢獻與關心。關係人口的人口樣貌可以是住在隔壁城鎮的近居者、曾經同鄉但現今住比較遠的遠居者,剩下的則是沒有地緣關係,但曾經在地方工作短居,以及那些參與地方商務、志工、休閒活動的,像風一樣的人。

若探究移入移出與個人動機和社會動機之間的關係,日本地方不斷去反思究竟人口為何而外移,而又因為什麼樣的地方價值動機移入,若能重新解構城鄉的價值,找到每個地方翻轉的關鍵動力,就有機會由衰轉盛,因此關係人口的盤點與相關政策企劃,要與內外部的

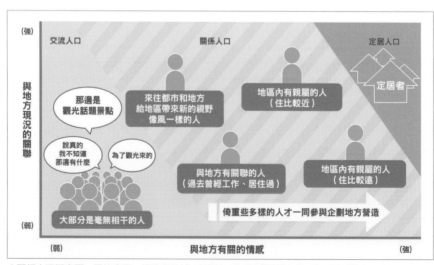

↑關係人口概念圖。圖片來源:總務省地域への新しい入り口『関係人口』ポータルサイト。

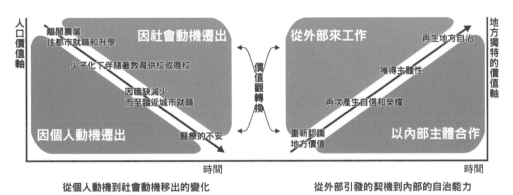

↑地方的衰退與再生。圖片來源：田口太郎，〈「関係人口」の地域づくりにおける可能性〉。

人才合作，平衡掉個人與社會動機遷出因素。

　　檢討會報告書提出未來政府政策的方向有三：一是協助都市中想要移居地方的人，滿足他們的移居需求，減少每一階段移居所需的成本。二是引導地方積極串連自己的關係人口，共同來建立對故鄉地方的新想法和貢獻。三是整頓地區環境，開啟更多「故鄉」的深度合作，培育以地方為中心的串連協調者與策劃製作人，共同開發研修和專案。

　　針對這樣的方向，總務省於 2018 年提出了 2.5 億元的「創出關係人口」計畫，分別補助三種在地對象：一是挖掘在地底蘊的地方公共團體，二是故鄉納稅的投資者，三是與地方合作的都市人才。在 2019 年則增加了第四類都市 NPO、大學和居民，以及第五類外國人。希望所有潛在移居者可以攜手合作，激盪可以「加強彼此關係交流」、「創造新的關係」，以及「擴大彼此視野」的計畫。

1. 挖掘在地底蘊的地方公共團體

　　這一類的公共團體所提的計畫有幾種分類，像是創造粉絲為取向的計畫。包括：北海道夕張市的「夕張 Likers!」社群平台，希望利用網站與 SNS 創造歷史、情報交流平台，並提供共同名片設計讓粉絲可以共同宣傳。岩手縣的住田町「你也是住田町的粉絲嗎？」「住田圈計畫」舉辦喜愛住田的大使交流會、導覽，以及宣傳誌。秋田縣鹿角市的「鹿角家族」計畫，3 年間因為「地域協力隊」計畫而有 100 人移居，組成一個新的團體，擁有家族證，遵守家訓、召開家族會議、農業體驗、首都圈交流居住等體驗活動。北海道五個町聯合舉辦的「故鄉支援」活動，透過產業、運動體驗，促進町與町之間的認識與再發現，參加者多為親子。

　　接著是推廣在地知識技藝的計畫，像是新潟縣柏崎市的「柏崎市大學」計畫提供短期地方學以及實習課程給首都圈的人參加。長野縣泰阜村長期與當地 NPO 舉辦年約 2000 參加的「山村留學」計畫，提供環境志工研修、里山體驗、山村文化教育、與在地聚落居民交流等活動，也與大學合作青年教育。岐阜縣郡上市推動建構「關係人口平台」計畫，包括要有在地的體驗型考察會、自發性的社群活動、並建構關係人口的管理系統，不只讓遠距的城鎮幫手增加，也培養在地擁有解決問題能力的人才。

↑圖片來源：肝付町きもつき宇宙協議会。

再來是加強版同鄉會與地方認同類的計畫，鳥取縣日野町、香川縣三木町推出「故鄉住民票」，讓町內出身者、通勤通學的人、同鄉會以及故鄉納稅捐贈者獲得住民票，登錄後可獲得故鄉住民卡、登錄紀念品、月報、町內公共設施使用優惠、町內活動訊息，此外還有定期舉辦鄉會懇談會、月報的季節實體交流會。福岡的うきは市「東京うきは應援團」計畫，凡是喜歡うきは市的人可以加入，獲得贈品，以及在地有魅力的職場、家族、朋友的情報。同時能連結在地的支援團體，包括道之驛、合作企業、產學大學、DMO 等單位。

最後是建立一個完整的網路主題平台，愛媛縣西市「自立循環型關係人口平台」計畫，善用 SNS 建構出「Love Saijo 紛絲俱樂部」，讓市外的市民和企業加入，市內外共同出資成立在地特產開發與商業活化基金，招募農林業生產者，一起在都市開辦移居展覽與活動，支持移居者在地創業。

日本鹿兒島縣肝付町因為有「宇宙航空研究開發機構宇宙科學研究本部」，因此推動「宇宙共和國」計畫，營造「宇宙之町－離宇宙最近的城鎮」，組了 We Love Kimotsuki Rocket Party，召募銀河聯邦共和國國民享有特別定期情報與聚會。

2. 故鄉納稅的投資者

在關係人口概念中，會把繳納稅款或捐款給地方政府的人民，稱之為地方「投資人」，因此地方提出了像是在做「股東關係經營」的企劃。此外也開始有「逆參勤交代」的概念，原本參勤交代是日本江戶時代的一種制度，各藩的大名需要前往江戶替幕府執行政務一段時間，然後再返回自己領土執行政務。而逆參勤交代則是希望都市人能逆流到地方，借調活用首都的資源。

舉例來說北海道上市幌町的「增加應援人口」計畫，整理故鄉納稅的納稅人名單，善用這些名單做顧客關係，舉辦移居體驗、交流促進會等活動。北海道標茶町推動「騎馬俱樂部」，讓故鄉納稅人可以前來參加騎馬活動。

秋田縣橫手市的「應援圈」計畫，善用地方誌「橫手fun通信」的讀者，開辦應援市民學校，推動定期的應援研討會做提案，並實踐提案，同時也到東京去舉辦活動，參加者是所有故鄉納稅人、應援市民和移居者。

而岩手縣花卷市不只是有申請借調東京的公務員來擔任副市長，還有提出「故事逆參勤交代」計畫，他們與「東北食通信」的東北開墾公司合作出版「物品通信」，協助故鄉納稅回饋品的生產者闡述產品故事，舉辦編輯訪問旅遊、產品工廠考察與體驗。山形縣最上町的「應援推動」計畫，包括故鄉納稅感謝活動、首都圈及仙台圈的故鄉納稅報告會。熊本縣天草市的「故鄉天草」計畫，推動故鄉住民登錄制度，發行故鄉住民卡、寄送傳單和情報

誌，舉辦限定抽選的天草居住體驗旅遊、天草航空特別優惠、首都圈活動，以及限定的特製名片和限地支援者活動，同時搭配故鄉媒合平台協助企業和住民交流。

另外也有因應新創與群眾募資活動而產生的後續連結活動，例如福島縣天榮村的「第三故鄉關係人口」計畫，建立故鄉納稅和群眾募資投資人名單，寄送回饋品、村民護照和工作小組，隨時發送在地情報和活動資訊，招募考察和專案工作者，同時將廢校整理成短期移居體驗場所。新潟縣新發田市和魚沼市舉辦「新潟know村」計畫，在首都圈舉辦新潟講座、開辦新潟縣故鄉會員應援團、在地導覽和縣內的創業家留學團，並固定發行故鄉新潟應援通信。

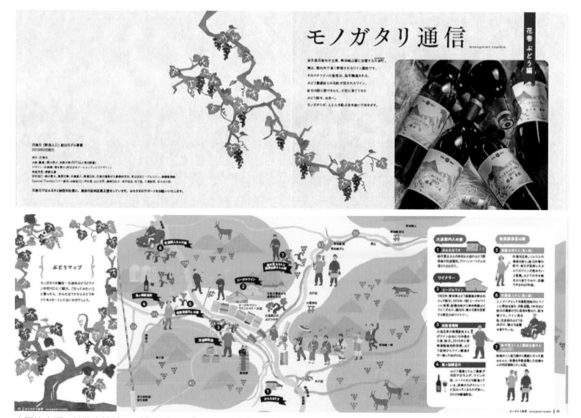

↑ 圖片來源：總務省地域への新しい入り口『関係人口』ポータルサイト、岩手縣花卷市地域振興部定住推進課。

3. 與地方合作的都市人才

關係人口提案計畫中，連結都市和地方很重要，無論是都市的學校、非營利組織或是對日本文化有興趣的外國留學生。

岩手縣一關市和釜石市舉辦「岩手縣關係人口」計畫，在首都圈舉辦說明會、地方問題解決型講座後，於一關和釜石舉辦實戰活動、再回到首都圈辦媒合活動，最後至當地開業。富山縣南礪市推動「應援市民制度2.0」計畫，設置在地的導師，企劃在地活動與講座、製作登錄網站分析人口資料、發行關係人口小手冊。

↑圖片來源：南砺市応援市民制度。

福井縣福井市、鯖江市、美濱町、若町的「幸福度日本第一都市人才相遇連結」計畫，共同宣傳在地的專案，包括市中心街區營造、在地產品企劃公司、在地資源品牌化、里山里海湖創業等活動。

島根縣高津川流域的益田定住自立圈（益田市、津河野町、吉賀町）舉辦「以都市交流

↑圖片來源：YOITOKO 幸福度日本一福井県。

↑圖片來源：NPO 法人江の川鐵道。

とくしまとファンがつながるサイト
TOKUSHIMA-REN

HOME	ABOUT	PROJECTS	JOIN	CONTACT

© 2018 taken by Shinichi Ebisudani

←↑ 圖片來源：德島県 地方創生局地方創生推進課。

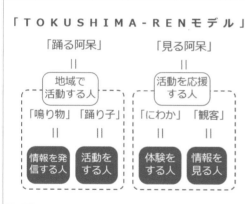

在文化觀光面，德島縣美馬市、佐那河村、美波町推動「全國阿波舞『連』關係人口」計畫，希望跳舞的同時，不只是觀舞、還能做地方議題講座和討論，甚至彼此傳遞訊息、體驗當地活動。熊本縣南小國町的「建構溫泉觀光地方議題關係人口」計畫，為期四個月的講座，挖掘當地議題、找尋解方、在地實際導覽然後做提案報告。

為基礎創造高津川流域關係人口」計畫，同樣是在東京舉辦講座和工作坊，再到地方舉辦過夜的協力實踐活動，促進國內機場的都市交流。島根縣邑南町推動「羽須美粉絲」計畫，透過廢棄的 JR 三江縣舊址，在當地開辦講座和導覽，透過廢線的場域講述日本人口減少與過疏化問題，從中累積新的鐵道迷和交流關係人口。

在學校合作面，長野縣小布施町、長野市和小川村推動「信州羈絆人口創生平台」，推動為期半年的地方實踐專案提案，包括在首都圈的募集說明會、長野活動合宿、在地實驗以及提案，如同參與式地方專案。廣島縣福山市的「在地居民 × 外部人才 × 地方大學生」計畫，透過講座平台和企劃實踐活動，了解在地問題。

除了關係人口計畫之外，總務省也推動了鄉村打工換宿補助、都市中小學農山漁村遊學計畫、試辦企業衛星辦公室，以及地方協力企業家計劃。另外，國土交通省也整理出關係人口的矩陣圖，目的有兩個，就是讓更多人與地方社會和經濟產生關聯，並且加長人在地方停留的時間，盡可能讓地方內外的人有更多連結與交流。

我們會發現，日本總務省在處理政策目標時，非常細膩地歸納分類，且不斷論述、檢討與修正。到了 2020 年甚至出版了多達 248 頁的《「關係人口創出擴大事業」示範計畫（視野擴大型外國人型）調查報告書》，並建立一個關係人口入口網站，讓各項計劃間也能互相學習。值得一提的是網站中建立了一些群眾分類，包括：活用空屋、活動企劃、移居、導入體制、觀光、群眾募資、內容開發、自然、情報行銷、飲食、大學生、大學合作、在地產業、DIY 手工、農業、粉絲俱樂部、兼職副業、平台、公益服務、文化、祭典、教育學習、林業歷史、打工度假。

不只總務省有新的分類，國土交通省也在 2019 年召開「Life Style 多樣化懇談會」這讓我們更加期待這樣的政策五年十年後的樣貌，是否地方真的有更多人口移入了，而這些人也為當地建構起更多具有包容性的新地方論述。

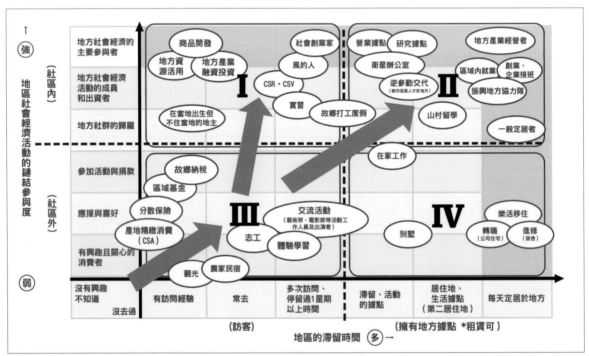

↑圖片來源：國土交通省國土政策局，《地方への人の流れを促進し、地域の定住人口・關係人口を增やすために》。

※ 本篇感謝總務省自治行政局地域政策課東宣行課長補佐、總務省地域力創造地域自立應援課中井孝一課長補佐接受訪談。

◎參考資料
・関係人口による地方創生

政策與氛圍的行銷戰：
日本政府如何做地方創生政策宣傳

日本內閣府政府宣傳部門在 2017 年後半至 2018 年，聚焦在「一億人活躍的社會（地方創生）」宣傳活動，由於日本地方創生有一個目標是要解決東京「一極集中」的問題，因此要向大家傳遞「地方也很有魅力」的內容。廣告合作方為內閣官房、內閣府、總務省和文部科學省，由日本電通代理廣告。

以行銷層級來說，理應從「認知、理解、興趣、意向、到最終購買」，換作是政策行銷時，也就是要一步一步達成政策目標，讓民眾最終移居地方、讓地方有活力，然而不同縣市的利基點差異大，且對地方創生的認知和理解都不一樣，甚至有些地方魅力真的還不吸引人，因此在更進一步精細分析受眾前，內閣府和電通廣告公司在這一整年的廣告操作上，共識是希望能讓受眾「感興趣」，認為政府辦的活動和宣傳風格與以往不一樣了，從中產生對地方的興趣。

目標客群為 20-40 歲的「年輕人」，特別是大學生，宣傳時程的節奏是從「入學」與「就職」時期開始，主題是「『要如何生活呢？為了這樣的生活，要在哪裡生活呢？』支持年輕人擴大人生的可能性」。希望能觸發年輕人對於「住在地方」的想法。一切投放的素材、形式與管道皆值得關注，另外，為期一年的廣告投放並無設定關鍵績效指標，而是專注於「了解年輕人資訊來源管道」而生的媒體異業合作。

一、 第一波宣傳安排：2 月 3 月是就學、就職以及新年度等人事異動的時期

以電視、雜誌和 47 個全國性地方雜誌為主要宣傳管道。內容為訪問實際住在地方的人。主題標籤為 # 在哪裡生活。

從日本的政策宣傳規模、管道對象及素材企劃來看，可以感受到政府是非常細膩地在做全盤規劃，讓民眾能從大量的宣傳案例與故事中，看見地方創生的資源，同時帶出「你想在哪裡生活呢？」的社會倡議，很值得台灣借鏡。

1. 電視節目：在田村淳的「日本的優質城鎮」節目中，介紹了女性城鎮宮城縣仙台市、農業城鎮北海道栗山町、創業城鎮福岡縣福岡市、咖啡城鎮島根縣江津市、創作者的城鎮德島縣美波町。在「如何生活？在哪生活？春季特別講座」中介紹了福井縣鯖江市、岡縣岡市、香川縣高松市、山口縣萩市、高知縣高知市、廣島縣府中市、鹿兒島縣鹿屋市、福岡縣田川市。

↑圖片來源：政府広報。

↑圖片來源：どう生きる？どこで生きる？。

2. 雜誌：在男性生活時尚雜誌 POPEYE 的特輯「20 歲的時候在做什麼？」中置入專文。在街道專門誌 Meets Regional 中發行地方特輯。以及在女子生活風格雜誌 Hanako 的特輯「因為是吉祥寺，所以成真」中置入「下一個想要住的城鎮是哪呢？」專文。

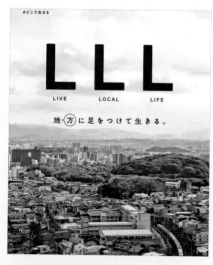

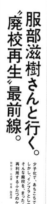

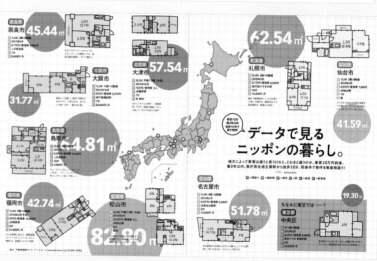

3. 全國 47 個地方誌：與吉本興業經紀公司合作，由在地的搞笑藝人介紹地方的魅力、移居者和新的交流據點。並且建置了一個文章入口網站，特別以想要做的工作（目的）、地區，以及藝人名字來做文章分類。

二、第二波宣傳安排：4 月 5 月是新年度、新生活稍微穩定的時期

以移動的交通廣告形式為核心。廣告主題為「我這邊很好，東京呢？」47 都道府縣計畫，每一縣照片中的在地人呼喊的人名，是真實生活在東京都的同鄉朋友，表達首都生活與地方生活的相互應援的情境，並帶出思鄉之情。廣告露出地點包括東京的山手線車廂內廣告、東京地鐵車廂內廣告，以及與飲食情報訂位網站 GURUNAVI 進行商業合作，將廣告海報張貼在東京都 300 間餐廳內。

47 都道府縣計畫，應援著每個人追求每個地方生活的可能性。「歡迎來到東京，各位開始在新地方展開新的生活，這裡有來自地方朋友的訊息，『你好嗎？』、『習慣了嗎？』、『我們這裡是這樣的氛圍』、『要再回來唷』，人要什麼樣的生活，為了追求某種生活方式，你想在哪裡生活。不只在東京，而是在日本當中，有很多很多場域，大家竭盡所能，活出自我。」

三、 第三波宣傳安排：6 月是思考夏天休假計畫的時期

以電視、雜誌和 YouTube 影片形式為行銷手段，宣傳政策內容，包括故鄉打工度假以及地方振興協力隊。

1. 電視節目：在田村淳的「日本的優質城鎮」節目中，各地的協力隊隊員介紹當地的特色以及協力工作內容。在德光和木佐「想要知道的日本！」節目中訪問移居者，以及「觀光以上、移居未滿的」移居體驗內容。另外，請 NON STYLE 搞笑藝人拍攝實際去體驗打工度假的影片。

2. YouTube 地方網紅計畫：邀請日本各地方的 Youtuber 拍影片講述在地方生活的三個原因，當地的魅力、移居的感想等等，主題標籤為 #想在這裡試試。由於現在日本年輕人第一名想要做的工作也是 Youtuber，因此多數地方網紅在被政府找上後，突然間也有了「即使是在地方鄉下依然很活躍」的榮譽感，想要好好宣傳地方。

3. 雜誌：在旅遊觀光取向的 Discover Japan 雜誌中探討「Live with Local Community 在地方遇見新的自己，更好的生活」。在質感生活雜誌 &Premium 中發展「在人生的樂園中發現的人」。

↑圖片來源：廃校サミット 2018。

四、 第四波宣傳安排：7月8月有暑假還有
　　 盂蘭盆節（日本的清明節），是居住在
　　 都市的大家會返鄉團聚的時期

　　在這個時期進行「BACK TO廢校」的
計畫宣傳，交流各地活用地方廢校，開設咖啡
店、旅宿、美術館、水族館、大人的學校等企
劃，讓企業進場投資，也讓有想要創業的人能
到地方就場域做新的社會創新。透過高峰會、
電視節目、雜誌書籍與網頁宣傳的方式推廣。
主題標籤為＃廢校。

1. 入口網站：透過互動式網頁模擬了小時
　 候的教室與長大後活用的教室，帶出各
　 式各樣活絡廢校空間的方法，甚至也有
　 協會整理出全日本的廢校地圖，讓民眾
　 清楚知道哪裡有廢校、怎麼去參觀，以
　 及廢校活用的用途。

2. 電視節目：訪問全日
　 本十間廢棄學校，主
　 題為「回學校吧！」
　 凸顯少子化下的問
　 題，認為廢棄學校是
　 人類社會第二個「新
　 的開始」，也是「第
　 二歷史現場」。

3. 雜誌和書籍：出版廢校再生一書，盤點
　 了全日本活用廢校的案例，包括用來做
　 創業空間、大人的社區學校、釀酒學校、
　 產業土展館道之驛、博物館美術館、水
　 族館、地方館、日本國產材販售工坊、
　 醫院、高齡者之家、書店等用途。

↑圖片來源：廃校サミット 2018。

4. 高峰會:

由於全國將會有近6800間學校成為廢棄小學,因此必須要有改變空間的使命,轉型成可以讓大家交流、創業等新的「始之場所」。政府在東京舉辦廢校高峰會,邀請改建廢校的建築師、空間經營者、企業、雜誌媒體、產業等實踐者演講、案例分享和脫口秀,並由文部科學省主辦廢校媒合會,以及東京都內的廢校設施考察活動。另外也在關西大

阪廢棄小學舉辦關西廢校夏日慶典、在京都舉辦學校、漫畫、電影的脫口秀。

從日本的政策宣傳規模、管道對象及素材企劃來看,可以感受到政府是非常細膩地在做全盤規劃,讓民眾從大量的宣傳案例與故事中,看見地方創生的資源,同時帶出「你想在哪裡生活呢?」的社會倡議,很值得台灣借鏡。在訪談尾聲,詢問這為期一年的政府廣告是否有像是點閱率的關鍵績效指標,得到的答案是沒有,然而從《日本經濟新聞》的民調報導中來看,日本年輕人的「幸福感」和收入正在提升,或許可以解釋日本自民黨近年一系列改革政策是讓人有感的吧。

↑→圖片來源:廢校活用 net(都市農山漁村交流活性化機構)。

○ ● ○

後記──關於那些初見與再訪

　　2019 年我再訪的瀨戶內海藝術祭，看到了藝術祭除了透過藝術品作為一種濾鏡，觀看到島民們與島上風土孕育出豐富獨特的生活。也得知了原本填土廢棄物的豐島持續復育梯田、草莓、檸檬、柑橘、橄欖等作物並積極養牛。男木島上的中學新校舍完工，女木島上的海水浴場開始轉型思考特色素麵餐廳與旅宿。小豆島上百花齊放的空屋活絡政策與移居支援協會，正要展開申請東瀨戶內海世界遺產的工作。直島的地方創生計畫是媒合民眾聯誼。

　　然而，工業化下的犧牲者犬島，一下船映入的那間犬島丼飯店老闆，或許是島上三名服務業者的其中一人，她說著今年的藝術祭香港人和韓國人都少很多了，國際的因素使然，而犬島也因為船班的緣故較少觀光客，事實上岡山市自身的藝術祭或觀光宣傳內容中，犬島的亮點是海水浴場，並非極富有日本產業歷史關懷的美術館或（家 project）計畫藝術作品。

　　至於大島上國立療養青松園，留存了日本當年漢生病死者解剖檯、國賠訴訟歷史過程與藝術策展，希望教育世人有關漢生病的正確觀念，並首度在藝術祭期間開放了島上的山道「相愛之道（リングワンデルング）」，是當年患者們開闢出來的山間小路。「我以為盲人是攀登不了這座山的。但如果他們攀登這座山的話，5 至 6 個人排在前面，揮舞著拐杖向前走。他們攀登得很好。即使是像我一樣看得見的人都覺得怕，這座山有點困難。我很意外地看到他們多麼享受這一場徒步。」小路上的說明板上這樣寫著，即使病患雙眼失明，但路還是走出來了，也呼應了島上的「海峽之歌（海峽の歌）」寫道隔離「isolate」的字根是島嶼「isle」，四面環海的島嶼上的人，是海迫使與其他土地隔絕與疏離呢？還是能透過海與世界連結？觀看、反省面對與創生的視角在這些島嶼上或許格外重要。

地方創生治的是源於這塊土地的心病，與距離無關；治的是找回文化自信並賦予更多守護土地力量的過程。而同樣身為島嶼的台灣，又是如何觀看、反省面對與創生呢？

我在 2017 年參與舉辦台灣青年地方創生國會公聽會，2018 年前往日本研究地方創生國家戰略，同年的五月台灣宣布 2019 年為台灣地方創生元年，從那時候開始，陸續在網路上發表文章，希望用文字串起台灣與日本地方創生議題的社群，從日本的地方創生關鍵利害關係人「產、官、學、金、勞、言、師」中，一一與台灣的相關單位交流。

台灣各地方政府在 2019 地方創生元年的過程中，慢慢摸出多樣化的地方治理與組織調整的樣貌，有好多或資深、或年輕的公務員在推動過程中前仆後繼地選擇返鄉、移居地方；而在地的、留鄉返鄉、移居的人們，也是不間斷地想著，歷經每一天、每一月、每一季乃至於每一年的努力，還能多為土地人文產業承接什麼、能在山海之間實踐更多夢想。好多的時刻，都讓人起雞皮疙瘩，肅然起敬。本著對這些動人的時刻和在地價值的珍視，這本書嘗試回答除了讓地方本身長出力量之外，握有權力、資源的中央及地方自治體怎麼去回應它們的努力與渴求？

想著想著，哼起了那個旋律，在台東的達仁鄉，台灣人口最少的行政區，卡路風工坊的藍保哥的那個父親傳下來的旋律，以及他說的話「達仁的 Talem 是種植的意思，當我們不再種植小米，那我們就失去永續土地耕耘的精神了。」在聽著藍保哥吟唱那個當下，我不禁好用力好用力地去記憶著，想將這份心意和感動鑴刻在腦海裡。而這樣的時刻，在 19 年創生元年以來，在全台陸續地發生，不僅在公務員群體，更在一個個地方的人們間閃熠著夢想與珍惜的光芒。為了地方不被消滅，為了地方不被取代，地方創生就是長出力量去守護它的行動方案。

若將日本的地方創生戰略視為一個行動方案，這個方案首先嘗試的是找到真正喜愛地方的人、熱中挖掘在地價值的人、住在地方的人、住過地方的人以及地方有底子的人，也就是橫跨各年齡行動者、城鎮關係人一起協作找出願景和組織分工。接著理出的計畫內容是有脈絡的數據資料、有趣且可以累積的、大家需要且想要的，以及將人留下來並且有在地社會經濟鏈結的內容，而那個內容驅動的是地方不要消滅、讓地方不要被千篇一律的商業或經濟發展模式給取代。

這樣的行動是以「共同協作、催化、陪伴參與」代替了直接給予或規劃，最後形成一個地方品牌的建立過程。過程中大家會相應產生有共鳴性的特色宣言、重新閱讀再重視在地有特徵的歷史，連動從民間到政府共同參與的光榮感，而這樣的光榮感會將以設計過的資訊網站來呈現，擾動出更多新型態的異業串連合作。更重要的是，在來回行動中適時修正法規制度、永續性的戰略關鍵績效指標，讓地方社會的經濟、環境、人口與宜居度能踏實變好。

我在這兩、三年不斷書寫、上山下海分享的過程中，我為自己活在所謂「社群時代」，使距離的影響力大大地縮小而感到幸運。也意識到小時候那個一心想要離開家鄉的自己，面對台北這顆大蘋果、或是東京國際大都市、擁有極好教育資源的北海道東川町，傳統城鄉的界線彷彿已不復在。當擁有共同興趣的人，能

透過網路串連彼此，能透過網路，闡述地方的故事、地方的DNA，能透過網路販售在地的產品，讓價值與理想傳遞結交到更多志同道合的夥伴，創造出屬於集體的在地行動方案時，就能守護住我們所珍惜的一切。

只要有「有自信的孩子、開放的長輩以及勇敢的公職」，在方案推動的過程留下每個在地的美好，吸引回流的人口，再次創造一個個感動的時刻，處處都將是你的地方，我們將一起為了地方不被消滅，為了地方不被取代，地方創生就是長出力量去守護它的行動方案。

喜愛台灣的你，或許將來你與我也會在這個島嶼的某個角落初見，而帶著新的能量再訪。

國家圖書館出版品預行編目（CIP）資料

抓住風一樣的人：政藝少女的日本地方創生官僚見習 / 謝子涵著
-- 初版 . -- 新北市：斑馬線，2020.09
　　面；　　公分
　ISBN 978-986-99210-1-5(平裝)

　1. 產業政策　2. 區域開發　3. 日本

　552.31　　　　　　　　　　　　　　　　　109012641

抓住風一樣的人：
政藝少女的日本地方創生官僚見習

作　　　者：謝子涵
總 編 輯：施榮華
封面設計：MAX

發 行 人：張仰賢
社　　　長：許　赫
出 版 者：斑馬線文庫有限公司
法律顧問：林仟雯律師

斑馬線文庫
通訊地址：235 新北市中和區景平路 101 號 2 樓
連絡電話：0922542983

製版印刷：龍虎電腦排版股份有限公司
出版日期：2020 年 11 月
ISBN：978-986-99210-1-5
定　　　價：420 元